ein Ullstein Buch

In der Reihe
Ullstein Bücher
Alfred
Hitchcocks
Kriminalmagazine

Ullstein Buch Nr. 1787
im Verlag Ullstein GmbH,
Frankfurt/M – Berlin – Wien
Übersetzt von Wim Koll

Printed in Germany 1976
Gesamtherstellung:
Ebner, Ulm
ISBN 3 548 0 1787 8

CIP-Kurztitelaufnahme
der Deutschen Bibliothek

Alfred Hitchcocks Kriminalmagazin
Frankfurt/M, Berlin, Wien:
Ullstein.
Einheitssacht.: Alfred Hitchcocks
mystery magazine ⟨dt.⟩.
NE: Hitchcock, Alfred [Hrsg.]; EST
Bd. 83. Acht Kriminalstories mit
Pfiff und Pointe / hrsg. von
Walter Spiegl. – 1976.
(Ullstein-Bücher; Nr. 1787:
Ullstein-Krimi)
ISBN 3-548-01787-8
NE: Spiegl, Walter [Hrsg.]

ALFRED HITCHCOCKS KRIMINALMAGAZIN

BAND 83

ACHT KRIMINALSTORIES
MIT PFIFF UND POINTE

Herausgegeben
von Walter Spiegl

ein Ullstein Buch

Inhalt

Clark Howard

Logans List

Er hatte nicht erwartet, daß ein weibliches Wesen die Tür öffnen würde. Sie war schlank, dunkelhaarig und sah wie eine hübsche Studentin aus. Ihre jugendliche glatte Haut ließ ihn sofort an seine einundvierzig Jahre und sein herbes Gesicht denken.

»Ich bin Logan«, sagte er.

Sie schloß die Tür hinter ihm und führte ihn durch den Wohnraum in ein weiteres Zimmer, in dem drei Männer an einem Tisch saßen und Flaschenbier tranken. Dem Mann am Kopfende des Tisches sah man den Verbrecher sofort an. Er hatte karottenfarbenes Haar. Das muß Red Lewis sein, dachte Logan.

»Bist du's, der mich angerufen hat?« fragte Red.

Logan nickte.

»Wo hast du meine Nummer herbekommen?«

»Bobby Lee hat sie mir gegeben.«

Red lachte breit. »Du meinst Bobby Lee Grant aus Dallas?«

»Nein, ich meine Bobby Lee Taylor aus dem Huntsville-Gefängnis«, sagte Logan.

Reds gekünsteltes Lächeln verschwand.

»Gerade eben rausgekommen?«

Logan nickte wieder. Er spürte die Anwesenheit des Mädchens, das hinter ihm stand, beinahe körperlich. Er zog einen zusammengefalteten Umschlag aus der Tasche und warf ihn auf den Tisch. »Hier sind meine Entlassungspapiere.«

Während Red den Inhalt des Umschlags überprüfte, sah sich Logan die beiden anderen Männer am Tisch an. Einer war groß, fleischig, hatte ein grobes, eckiges Kinn, kurzgeschorenes Haar und sah wie eine Bulldogge aus. Man hatte beim ersten Anblick unwillkürlich den Gedanken, daß es bestimmt nicht angenehm sein dürfte, von ihm in die Mangel genommen zu werden. Der andere hatte ein Gesicht wie ein Wiesel und noch dazu Pickel und glatt zurückgekämmtes, schmutziges blondes Haar wie die gelackten Ganoven in den fünfziger Jahren. Er war von der Sorte, die wahrscheinlich eine Rasierklinge unter dem Gürtel trug und der man nie den Rücken zudrehen durfte.

»Ich hab vor zwei Wochen Bobby Lee drüben aufgesucht«, sagte Red und lehnte sich auf seinem Stuhl zurück. »Ich sagte ihm, daß ich einen Mann brauche, und er erklärte mir damals, daß er keinen wüßte. Und jetzt kreuzt du wie aus heiterem Himmel plötzlich auf. Wie kommt das?«

»Vor zwei Wochen wußte Bobby Lee noch nicht, daß ich rauskommen würde«, sagte Logan. »Ich war zwar schon einen Monat vorher vor den Bewährungsausschuß zitiert worden, aber keiner von uns glaubte, daß ich es schaffen würde. Wir dachten, daß ich noch ein Jahr absitzen müßte. Dann kam plötzlich die Nachricht durch, daß man mich gehen lassen wollte. Und da erst hat mir Bobby Lee deine Nummer gegeben.«

»Warum warst du drin?« fragte Red.

»Einbruch und Diebstahl, vierfach.«

»Was wir vorhaben, ist weder Einbruch noch Diebstahl, verstehst du«, sagte Red vorsichtig. »Diesmal ist es Raubüberfall. Bewaffneter Raubüberfall, Mister. Glaubst du, daß du da mitmachen kannst?«

Logan sah von Wiesel zu Bulldogge. »Ich glaube auf jeden Fall, daß ich bei dem, was du vorhast, leicht mithalten kann, leicht«, versicherte er Red.

»Angeber, wie?« sagte Wiesel.

»Ja, ein echter Angeber«, sagte Bulldogge wie ein Echo.

Red stieß die Entlassungspapiere über den Tisch zurück. »Ich arbeite im allgemeinen lieber mit jüngeren Leuten«, sagte er unentschlossen.

Logan beobachtete, daß das Mädchen jetzt zur anderen Wand hinüberging, wo es seinen Gesichtsausdruck beobachten konnte. Er hatte den Eindruck, als amüsiere sie sich über etwas, aber er war sich nicht ganz sicher.

»Ich werde jeden Tag meine Vitaminpillen nehmen«, sagte er zu Red. »Dann kann ich mich bestimmt bis nach dem Job auf den Beinen halten.«

»Ich werd' mir's überlegen und dir Nachricht geben«, entschied Red. »Hast du schon eine Wohnung, wo du bleiben kannst?«

»Nein.«

»Unten im Puff- und Nuttenviertel gibt's 'ne Möglichkeit. Der Schuppen nennt sich Rex Hotel. Duane und Bulldog wohnen beide auch dort.« Er nickte Wiesel und Bulldogge zu. Logan konnte sich ein Grinsen nicht verkneifen. Daß Red den Vierschrötigen Bulldogge nannte, deckte sich mit seinem eigenen ersten Eindruck von dem Kerl.

»Lissa wird dir zeigen, wo das Haus ist«, sagte Red. »Ich werde mit dir in Verbindung bleiben.« Er warf dem Mädchen ein Bund Autoschlüssel zu. »Fahr ihn zum Rex runter, Baby.«

Als Logan gehen wollte, hielt ihn das Wiesel auf, das Duane hieß. »He, du, du bist doch angeblich eben aus Huntsville rausgekommen, oder? Bei was für einer Gruppe warst du dort?«

»Bei der Ellis-Gruppe«, sagte Logan.

»Was für eine Arbeit hattest du?«

»Feld.« Das war die Landarbeitergruppe, die jeden Tag auf die Felder zog.

»Wer war dein Boss?« wollte Duane jetzt wissen.

»Boss Fritz.«

»Wie hat er ausgesehen?«

Logan seufzte müde. Er hatte es satt, mit Wiesel »Wer bin ich?« zu spielen. »Er war einen Meter zwanzig groß und schob sich auf einem Brett durch die Gegend, das auf Kinderwagenrädern lief«, sagte er eiskalt. Dann drehte er sich um und ging hinaus.

Das Mädchen steuerte den Wagen ins Zentrum der Stadt.

»Können wir am Busbahnhof halten?« fragte Logan. »Dort hab ich mein Gepäck in einem Schließfach gelassen.«

»Klar.« Sie fuhr schweigend ein paar hundert Meter, dann sagte sie: »Ich heiße Lissa.«

»Ja, ich hab's gehört. Ist das eine Abkürzung?«

»Melissa«, sagte sie. »Als ich klein war, hab ich immer gesagt ›Ich Lissa‹. Nach einer Weile begannen mich Vater und Mutter damit aufzuziehen und sagten: ›Du Lissa‹, und am Ende hat man nur einfach Lissa zu mir gesagt.«

»Wo sind Ihre Eltern jetzt?« fragte Logan.

»Sie sind beide im Sanatorium in Dykes gestorben, beide an Tbc.« Sie sah ihn an. »Haben Sie Familie?«

»Nein, schon lange nicht mehr. Hatte mal eine, aber das

war vor einer ganzen Anzahl von Jahren.«

»Sie hat Sie verlassen?« fragte Lissa offen.

»Ja. Mochte den Beruf nicht, in dem ich arbeitete.«

Als sie zum Busbahnhof kamen, ging Logan hinein und kam mit einem in braunes Packpapier gewickelten Paket heraus. Es enthielt Unterwäsche zum Wechseln, ein weißes Hemd, ein Paar Socken und sein Wasch- und Rasierzeug. Als er zum Wagen zurückging, beobachtete er, wie Lissa im Rückspiegel ihr langes, dunkles Haar richtete.

»Wie alt sind Sie, Lissa?« fragte er, als sie wieder fuhren.

»Dreiundzwanzig«, sagte sie mit unbewegtem Gesicht. Das bedeutete, daß sie ungefähr zwanzig war. Fast alle Mädchen, die zwanzig sind, fügen drei Jahre hinzu, wenn sie von einem Mann über dreißig nach ihrem Alter gefragt werden. Und weiß der Himmel, er war über dreißig – ein ganzes Ende.

Im Rex ging sie mit ihm auf sein Zimmer, um genau Bescheid zu wissen. Der Portier, ein schäbiger alter Knacker mit fettigem Kragen, sah Lissa mißtrauisch an, denn ein Zimmer für zwei kostete mehr.

»Machen Sie sich keine Sorgen, sie bleibt nicht«, hatte Logan ihm erklärt. »Sie hat mich nur hergebracht.«

Das Zimmer war so schäbig wie der Portier. Logan setzte sich auf das Bett. Es quietschte, als hätte es Schmerzen. Lissa lachte boshaft.

»Wetten, die Bettfedern haben schon allerhand Stöße ausgehalten?«

Logan lachte. Er stand vom Bett auf, zog vorsichtig die heruntergelassene Jalousie hoch und öffnete das Fenster.

»Es ist beinahe zwölf Uhr«, sagte er. »Möchten Sie was mit mir essen?«

»Das tu ich lieber nicht«, sagte sie mit Blick auf den Linoleumfußboden. »Red paßt sehr genau auf, wie lange ich weg bin.«

Logan nickte. »Okay.«

»Ich wollte, ich könnte bleiben«, sagte sie und ging langsam zur Tür. »Aber Red ist manchmal recht komisch in diesen Dingen.«

Logan nickte wieder. »Klar, ich verstehe. Danke auf jeden Fall fürs Herbringen.«

Nachdem sie gegangen war, beobachtete Logan durch das

Fenster, wie sie die Straße hinunter zum Wagen ging.

Logan wartete eine halbe Stunde, nachdem das Mädchen gegangen war, dann verließ er das Haus. In einem Kegelklub fand er eine Fernsprechzelle. Das Haus war nicht weit von seinem Hotel entfernt. Von der Zelle aus meldete er ein R-Gespräch zur Dienststelle der Bundespolizei in Austin an. Innerhalb einer Minute hörte er die vertraute Stimme von Colonel Lansing.

»Wie geht's voran, Sergeant? Hat er angebissen?«

»Noch nicht«, antwortete Logan, »aber ich denke, er ist interessiert. Ich habe das Gefühl, er wird versuchen, über Bobby Lee Taylor in Huntsville etwas über mich zu erfahren.«

»Dort wird er nicht viel Glück haben«, sagte der Colonel. »Wir haben Taylor nach Ramsay südlich von Houston überstellen lassen. Teilweise als Belohnung für die Informationen, die er uns über Lewis gegeben hat, und teilweise deshalb, um ihn aus dem Gefängnis von Huntsville zu entfernen. Wir dachten uns nämlich, Lewis könnte Nachforschungen anstellen. Er ist ein ganz Gerissener, dieser Kerl. Wäre er es nicht, liefe er nicht mehr frei herum – trotz des Dutzends Raubüberfälle und zwei ermordeter Polizisten, die auf sein Konto gehen. Und das Frustrierende daran ist, daß wir ihm nichts beweisen können. Dieses Mal muß dieser Ganove ins Netz gehen, Logan.«

»Er wird«, sagte Logan.

»Haben Sie schon eine Ahnung, was er plant?«

»Einen Raubüberfall, mehr weiß ich bis jetzt nicht. Wahrscheinlich eine Bank, Lohngelder oder so etwas.«

»Was hat er bei sich?«

»Einen kleinen, wieselgesichtigen Dreckskerl; unbedeutend. Duane – ich kenne seinen Familiennamen nicht. Und einen dicken Brocken, den er Bulldog nennt, ein Name, der genau zu dem Gesicht paßt.«

»Das sind alle?«

Logan dachte an das Mädchen. Er überlegte, ob sie vorbestraft sein und etwas angestellt haben könnte, was sie mit Red Lewis in Verbindung gebracht hatte. Er entschloß sich für die Möglichkeit, daß dies nicht der Fall war. »Das sind alle«, sagte er deshalb.

»Wir werden die Namen überprüfen und sehen, was wir

herausbringen«, sagte der Colonel. »Wann werden Sie voraussichtlich wieder mit uns Verbindung aufnehmen?«

»Sobald ich kann.«

»In Ordnung. Aber Sie sind vorsichtig, hören Sie?« ermahnte ihn der Colonel ausdrücklich. »Der Bursche ist wie eine Klapperschlange, die keine Warnung gibt, wann sie zubeißt.«

»Ich werde aufpassen«, versprach Logan.

Eine ganze Woche lang lungerte Logan im Rex herum. Seine Mahlzeiten nahm er in der Nähe des Hotels ein. Zum Frühstück aß er schlecht zubereitete Spiegeleier, fette Hamburger zum Mittagessen und einen faden Eintopf zum Abendessen. Am Vormittag saß er in der Halle und las Zeitung. Am Nachmittag ging er in einen ausgedörrten kleinen Park und sah den mexikanischen Frauen zu, wie sie ihre pummeligen kleinen Kinder zum Spielen auf den verwahrlosten Spielplatz brachten. Abends lag er in seinem winzigen Zimmer und las Western-Romane. Ein paarmal ging er in eine Burlesque-Show, nur um mit der Eintönigkeit fertig zu werden. Zweimal sah er Wiesel und Bulldogge das Hotel betreten und verlassen. Aber er war froh, daß er von ihnen nicht beobachtet wurde und deshalb auch seinerseits sich nicht um sie zu kümmern brauchte. Sie waren ja nur kleine Fische, und er war hinter einem Hai her.

Während dieser Woche fand er im Park ein Kätzchen, ein mageres, kleines scheckiges Ding. Das Fell des armen Tieres war verfilzt und die Augen so vereitert, daß es beinahe nichts sah. Er schmuggelte es in sein Zimmer, kaufte einen Karton Milch und verbrachte den größten Teil eines ganzen Abends damit, das Tier zu füttern und zu reinigen. Er benützte ein in warmes Wasser getauchtes Taschentuch dazu, ihm die Augen zu säubern, und seine Haarbürste, das verfilzte und struppige Fell zu glätten. Nach ein paar Tagen sah die Katze wieder ganz ordentlich aus, und er brachte sie in den Park, wo er sie zurücklassen wollte. Das Kätzchen folgte ihm jedoch fünfmal ins Hotel, lief ihm über die Straße und den Gehweg entlang nach wie ein Hund. Viermal trug er es wieder in den Park. Beim fünften Mal fluchte er und nahm das kleine Mistvieh mit in sein Zimmer hinauf.

Das Kätzchen war eben dabei, Milch aus einer Tasse zu schlabbern, als Lissa kam und ihm sagte, daß Red ihn zu sehen wünsche. »Was, in aller Welt, ist denn das?« fragte sie, als sie das Tier sah.

»Eine Katze«, sagte Logan verdrießlich, »oder für was hätten Sie's denn gehalten?«

Lissa hob es auf und streichelte es. Das Kätzchen, das an keine Zärtlichkeit gewöhnt war, rieb seinen kleinen Kopf schnurrend an Lissas Hals, bevor es wieder zu seiner Milchschüssel hinuntersprang. »Oh, ist das lieb«, sagte Lissa und kniete nieder, um es zu streicheln, während das Kätzchen den Rest der Milch aus der Tasse holte. »Wie heißt es denn?«

»Es hat noch keinen Namen«, brummte Logan vor sich hin.

»Nun, aber es muß doch einen Namen haben«, sagte sie entrüstet. »Ist es ein Kater oder eine Kätzin?«

»Wie soll ich das wissen?« antwortete Logan ein wenig verwirrt. Im Grunde wollte er mit dieser Katze überhaupt nichts zu tun haben. Er sah Lissa zu, wie sie zart den Rücken des Kätzchens streichelte. »Wollen Sie es haben?« fragte er.

Sie stand auf und seufzte. »Ich kann es nicht brauchen. Red mag keine Haustiere. Früher hatte ich mal einen kleinen Kanarienvogel, und sogar den mußte ich weggeben. Jedem Hund, der ihm auf der Straße zu nahe kommt, gibt er einen Tritt.«

Paßt genau, dachte Logan. Hunde und Bundespolizisten sollten besonders vorsichtig sein, wenn sie sich jemand näherten.

Auf dem Weg zu Reds Wohnung sagte Logan mißmutig: »Wie können Sie es eigentlich bei einem solchen Mann aushalten? Was ist an ihm schon dran?«

Lissa, die ein Kleid trug, dessen Oberteil nur im Nacken zusammengebunden war und viel sehen ließ, zuckte mit den jungen, braungebrannten Schultern. »Ein Mädchen muß eben zusehen, wie es am besten zurechtkommt. Für ein Bauernkind aus Osttexas, das bei Verwandten aufgewachsen ist, die es nicht mochten und mit denen es nur um neun Ecken verwandt ist, gibt es nicht besonders viele Möglichkeiten. Die einzige Arbeit, die ich dort finden konnte und auch verrichtete, war Baumwollpflücken.«

Sie hob ihr Kinn zum Zeichen symbolischer Ablehnung.

»Ich würde bei zehn Reds bleiben, bevor ich noch ein einziges Mal als Landarbeiterin gehen würde.« Sie sah mit beinahe zornigen Augen zu ihm hinüber. »Jetzt werden Sie mich wahrscheinlich für menschlichen Auswurf halten.«

Logan schüttelte den Kopf. »Nein, das tu ich nicht«, erklärte er ruhig. »Sie sind ganz genauso wie wir anderen auch – wie wir alle, die versuchen, so gut wie möglich zurechtzukommen.«

Als sie in die Wohnung kamen, wiederholte sich die gleiche Szene wie beim erstenmal, als Logan bei Red gewesen war: Red Lewis am Kopfende des Tisches, Bulldogge auf der einen, Wiesel auf der anderen Seite.

»Ich hab versucht, zu Bobby Lee eine Nachricht nach Huntsville hineinzubringen«, sagte Red mit leiser Stimme, »und habe erfahren, daß er nicht mehr dort ist. Man hat ihn irgendwo anders hingebracht. Kommt dir das irgendwie seltsam vor?«

»Nein«, sagte Logan, »das wundert mich überhaupt nicht. Bobby Lee hatte schon vor langer Zeit einen Antrag gestellt, nach Süden verlegt zu werden. Ich glaube nach Ramsey. Er hat dort unten im Flachland am Brazos River ein Mädchen. Wollte, daß sie ihn öfter besuchen kann.«

»Er hat zu mir nie was von einem Mädchen am Brazos River gesagt«, meinte Red.

»Vielleicht hat er gedacht, daß es dich nichts angeht«, antwortete Logan frech. Er hielt den Blick auf Red gerichtet, ohne auch nur mit der Wimper zu zucken. »Hör' mal zu, Sportsfreund, ich hänge jetzt eine Woche in dieser Stadt herum, damit du endlich die Personalakte über mich zusammenbringen kannst. Jetzt komme ich hierher, und du fängst wieder von vorn mit deiner Fragerei an. Ich hab keine Lust mehr, mich hinhalten zu lassen. Entweder bin ich bei dem Job dabei oder nicht. Entschließ dich endlich.«

Red war dem Blick nicht ausgewichen, seine Augen hielten denen von Logan noch immer stand. Er dachte eine ganze Minute nach, eine schwere, schweigende, lange Minute. Dann traf er seine Entscheidung.

»Nein, du bist nicht dabei«, sagte er ruhig. »Nichts Persönliches, verstehst du. Ich weiß einfach nicht genug über dich, das ist alles. Und wie schon gesagt, arbeite ich im allgemeinen mit jüngeren Leuten.«

»Okay, von mir aus, Sportsfreund«, sagte Logan. »Du kannst dir deine Gehilfen meinetwegen aus dem nächsten Kindergarten holen; ist mir auch egal.«

Er drehte sich um und wollte gehen.

»Warte einen Augenblick«, sagte Red. Er warf zwei Hundert-Dollar-Scheine auf den Tisch. »Ich hab dir eine Woche Zeit genommen.«

»Behalt dein Geld«, sagte Logan höhnisch. »Du hast es bei mir nicht mit einem Bettler zu tun.« Er ging aus dem Zimmer.

In der Stadt betrat er wieder die Kegelbahn und rief Austin an. »Er spielt nicht mit«, erklärte er Colonel Lansing. »Er ist scheu geworden, weil er mit Bobby Lee Taylor keine Verbindung aufnehmen konnte.«

»Hält er möglicherweise auch Sie für verdächtig?« fragte der Colonel.

»Nein, ich glaube nicht. Er hat mir zweihundert Dollar als Entschädigung angeboten, daß ich eine Woche lang herumlungern mußte.«

Lansing brummte. »Sie hätten das Geld nehmen sollen. Für unsere Witwen- und Waisenkasse. Dann hätte Ihre Warterei wenigstens etwas eingebracht.«

»Sie hätten einen jüngeren Mann schicken sollen«, sagte Logan. »Lewis hätte einem Jüngeren vielleicht eher getraut. Ich werde allmählich wohl doch zu alt für dieses langweilige Geschäft.«

»Bestimmt wäre es richtiger gewesen, einen jüngeren Mann zu schicken«, sagte der Colonel. »Außer, daß die jungen Leute nicht wissen, wie sie sich zu benehmen haben. Sie haben nicht die Erfahrung und das Wissen wie jemand, wie Sie. Also hätte ihm Lewis ebensowenig vertraut. Ihn hätte Lewis wahrscheinlich sofort durchschaut. Und was dann? Ich werde es Ihnen sagen: Wir hätten dann drei tote Bundespolizisten statt zwei gehabt.«

Logan seufzte. »Was soll ich jetzt tun?«

Der Colonel dachte einen Augenblick lang schweigend nach. »Sie haben keine Ahnung, um was für einen Job es geht? Oder wo und wann?«

»Nicht die Spur«, antwortete Logan. »Nur daß es sich um einen Raubüberfall handelt.«

»Ich werde Ihnen was sagen«, fuhr Lansing fort. »Warum lungern Sie nicht einfach noch ein paar Tage dort herum. Tun Sie so, als würden Sie sich selbst einen *Ein-Mann-Job* ausdenken. Das könnte Lewis davon überzeugen, daß Sie okay sind. Vielleicht ändert er seine Meinung und lädt Sie doch noch zu seiner Party ein.«

»Damit würde ich nicht rechnen, Colonel, aber ich will's versuchen, wenn Sie es befehlen.«

Nachdem er eingehängt hatte, ging er zur Bar des Kegelklubs und kletterte auf einen Hocker. »Geben Sie mir ein Bier«, sagte er zum Barkeeper.

Eine Stunde lang saß er an der Bar und trank Bier. Er war sehr müde. Nicht einfach körperlich, sondern geistig, empfindungsmäßig, psychisch. Wäre er Soldat gewesen, hätte man das, was er hatte, Kampfmüdigkeit genannt. Im nächsten Monat würde er zwanzig Jahre Dienst auf dem Buckel haben. Zuerst in Uniform auf einem Motorrad, dann in Uniform in einem Streifenwagen, später in einem normalen Serienmodell in Zivilkleidung. Anschließend in der Kriminalabteilung im Innendienst und schließlich wieder im Außendienst, mit geheimen Aufträgen wie diesem hier. Und wofür? Man sperrt einen Lumpen ein, und zwei neue treten an seine Stelle. Die Ganoven in Huntsville wurden von Jahr zu Jahr mehr, und doch wurden es draußen nicht weniger. Texas hatte die härtesten Strafmaße und die strengsten Bewährungsauflagen aller Bundesstaaten – und die Verbrechensrate wuchs ständig.

Ich werde ausscheiden, überlegte er. Im nächsten Monat, wenn seine zwanzig Jahre um und seine Pension garantiert waren, würde er gehen. Es widerte ihn an, für ein System zu arbeiten, das einem Mädchen wie Lissa nur die Wahl ließ, zwischen Landarbeiterin und –. So war es doch, wenn man der Sache auf den Grund ging.

»Jawohl, so ist es doch, oder?« fragte er sich laut. Das war nämlich der eigentliche Grund, nicht die Jahre der Enttäuschung oder die Ungerechtigkeit des Systems.

Es war das Mädchen. Es war Lissa. Die war's, die ihm unter die Haut ging.

Es war schon nach Mitternacht, als Logan das leise Klopfen hörte. Er nahm den Revolver unter dem Kopfkissen hervor und stellte sich neben die Tür an die Wand. »Wer ist da?«

»Ich, Lissa.«

Er öffnete die Tür, weil er instinktiv wußte, daß sie alleine war. »Sie, Lissa?« fragte er mit einem erstaunten Lächeln.

Sie lächelte kurz und verführerisch zurück, ging zum Bett und setzte sich auf dessen Rand. Das Kätzchen, das noch immer da war, sprang sofort auf ihren Schoß.

»Ist was los?« fragte Logan.

Sie zuckte die Achseln. »Ich habe nur darüber nachgedacht, was Sie jetzt wohl anfangen würden. Wohin Sie wohl gehen würden.«

»Ich weiß es noch nicht.« Er legte die Waffe auf die Kommode. »Wie sind Sie von Red weggekommen? Ich dachte, er hielte sie am kurzen Zügel.«

»Er hat sich betrunken und ist seit einer Weile k. o.«

»Wiesel und Bulldogge wohnen immer noch hier«, erinnerte er das Mädchen. »Angenommen, die sehen Sie?«

»Ich bin von der Rückseite und die Feuerleiter herauf gekommen.« Sie lächelte scheu. »Machen Sie sich meinetwegen Sorgen?«

»Ich möchte nicht, daß Ihnen etwas passiert.« Er drehte einen Stuhl herum und setzte sich rittlings darauf, mit den Armen auf der Lehne. Er sah zu, wie sich das Tierchen besitzergreifend auf ihrem Schoß niedergelassen hatte und sich offensichtlich wohl fühlte.

»Haben Sie dem Kätzchen schon einen Namen gegeben?« fragte sie.

Logan nickte. »Ich hab herausgefunden, daß es ein Kater ist. Ich habe ihn Ulysses genannt.«

»Warum, in aller Welt, haben Sie ihm gerade diesen Namen gegeben?«

»Wäre es eine kleine Kätzin gewesen, so hätte ich sie nach Ihnen Melissa genannt«, sagte er. »Aber da es ein Junge ist, fiel mir kein Name ein, der wie Melissa klingt, also hab ich ihm einen gegeben, der wie ›Du Lissa‹ klingt. Verstehen Sie; Ulysses. Was Besseres ist mir nicht eingefallen.«

»Ich hab Sie schon verstanden«, sagte sie weich. Sie drückte das Kätzchen fester an sich. »In gewisser Beziehung bin ich jetzt sogar froh, daß Red Sie bei dem Job, den er plant, nicht mitmachen läßt. Wenn Ihnen etwas zustoßen würde, könnte niemand auf Ulysses aufpassen und sich um ihn kümmern.«

In Logans Gehirn klickte es. »Warum glauben Sie, es könnte etwas passieren?« fragte er beiläufig. »Ich habe gehört, daß Red seine Unternehmungen sehr gründlich vorbereitet.«

»Das tut er«, sagte Lissa. »Wenn es sich um normale Überfälle handelt, ist er wahrscheinlich der Beste in Texas. Aber diesmal ist es kein normaler Raubüberfall. Diesmal beraubt er keine Leute, die das Gesetz gegen ihn mobilisieren. Dieses Mal beraubt er Leute, die Mörder hinter ihm herschicken werden.«

»Wie meinen Sie das? Was für Leute?«

»Er wird drei Männer ausrauben, die nach McAllen kommen, um dort Rauschgift zu kaufen. Man vermutet, daß eine große Menge bei Reynosa über die Grenze geschmuggelt wird. Die drei Männer kommen aus St.Louis, um es zu übernehmen. Red weiß, wer sie sind und wo sie in McAllen wohnen werden. Er und die anderen werden sie überfallen und ihnen das Geld abnehmen, bevor die Männer den Stoff kaufen können.«

»Wieviel Geld werden sie nach Reds Meinung bei sich haben?«

»Zweihunderttausend Dollar.«

Logan spitzte die Lippen zu einem lautlosen Pfeifen. Kein Wunder, daß Red so vorsichtig war. Geld von einer der großen Banden zu stehlen war ein sehr riskantes Unternehmen. Jeder Vertragskiller von Chicago bis Kansas City würde versuchen, sich in diesem Fall die Prämie zu verdienen.

Logan stand auf und ging ein paarmal im Zimmer auf und ab. Ein verwegener Gedanke begann in seinem Hirn zu keimen. »Hören Sie zu«, sagte er nach einigen Augenblicken eindringlich zu Lissa, »ich muß etwas wissen. Ich muß wissen, wie Sie zu Red stehen. Ich muß wissen, ob Sie sich um ihn Sorgen machen oder nicht. Nun?«

Lissa sah zu Boden. »Er hat für mich gesorgt«, sagte sie ruhig. »Aber er ist weder freundlich noch nett oder gar verliebt in mich. Es ist nicht eben schön, bei ihm zu sein. Und«, sie seufzte, »ich habe für ihn ebensoviel getan wie er für mich. Ich meine, wir sind quitt, möchte ich sagen.« Sie hob ihren

Kopf und sah Logan in die Augen.

»Nein«, fuhr sie dann fort, »ich mache mir keine Sorgen seinetwegen. Bei weitem nicht so große, wie ich sie mir Ihretwegen zu machen beginne.«

Logan setzte sich neben sie aufs Bett. Ihre Schultern berührten sich, und sie streichelten beide gleichzeitig das Kätzchen. »Willst du zu mir und Ulysses kommen?« fragte Logan.

»Wenn du mich magst«, antwortete Lissa leise.

»Wir beide mögen dich«, sagte Logan.

Er beugte sich über sie und sie küßten sich. Einen Augenblick später war Ulysses ziemlich enttäuscht, weil er nicht mehr gestreichelt wurde.

Drei Tage später wartete Logan in einem Getreideschuppen außerhalb von Alice, das ungefähr in der Mitte zwischen McAllen und San Antonio liegt. Die leere Scheune, in der er sich versteckt hatte, wurde zur Lagerung von Kälberfutter verwendet. Sie hatte ungefähr die Größe einer Doppelgarage und an beiden Enden Tore. An beiden Längsseiten befanden sich Futtertröge, aus denen die Kälber zur Futterzeit ihr Kraftfutter bekamen. Logan kauerte hinter einer Box, den Revolver schußbereit in der Hand, und wartete auf Red Lewis, Wiesel und Bulldogge.

Lissa wartete draußen in Reds Wagen. Red und die beiden anderen waren im Augenblick in einem Leihwagen von McAllen in Richtung Norden unterwegs. Es begann eben zu dämmern. Dem Plan entsprechend hatten Red und seine Freunde vor, den Hotelangestellten zu überfallen, der am Empfang des Hotels Dienst hatte, in dem die drei Kuriere übernachteten, den Hauptschlüssel zu nehmen und dann das Geld zu holen. Nachdem sie das Geld hatten, wollten sie die drei Kuriere und den Hotelangestellten gefesselt und geknebelt in einem Zimmer einschließen und sich nach Norden davonmachen. In der Scheune außerhalb Alice wollten sie anhalten und die Beute teilen: die Hälfte für Red, die andere Hälfte aufgeteilt zwischen Wiesel und Bulldogge. Danach sollten Wiesel und Bulldogge mit dem Leihwagen nach San Antonio weiterfahren. Red, der Lissa an der Scheune treffen wollte, hatte vor, sich im eigenen Wagen nach Corpus Christi abzusetzen.

Es war ein guter Plan, der auch perfekt funktioniert hätte, wenn Logan nicht dazwischengekommen wäre.

Der Mietwagen kam den Feldweg entlang und zog eine lange Staubfahne hinter sich her. Es war sechs Uhr dreißig, als er vor der Scheune anhielt. Sekunden später hörte Logan, wie das hintere Tor geöffnet wurde. Das Licht der frühen Morgensonne fiel schräg in die Scheune.

»Bring die Tasche mit dem Reißverschluß herein!« hörte Logan jemand rufen. Es war Red, der Lissa diesen Auftrag gab. Durch ein Loch im Bretterverschlag sah Logan, wie Red einen Koffer voll Geld öffnete.

»Schau dir das nur an!« sagte Wiesel ganz ehrfürchtig. »Lauter Fünfziger und Hunderter.«

»Mach schon, wir wollen jetzt teilen«, sagte Red nüchtern.

»Keine Bewegung mehr«, sagte in diesem Augenblick Logan mit ruhiger, fester Stimme. Er trat mit dem Revolver im Anschlag aus der Box. »Jeder bleibt an seinem Platz stehen, und keiner rührt auch nur einen Finger.«

Lissa kam mit der Reißverschlußtasche herein, die Red verlangt hatte. Logan winkte ihr zu, wieder hinauszugehen. »Warte im Wagen«, sagte er.

Reds Augen wurden zu haßsprühenden Schlitzen, als er das Mädchen ansah. »Du weißt wohl, was ich dafür mit dir machen werde?« sagte er zwischen zusammengebissenen Zähnen hindurch.

»Nichts wirst du machen, du dreckige Ratte«, sagte Logan. Er trat hinter Red, langte um ihn herum und zog ihm den Revolver aus dem Hosenbund. »Geh ein paar Schritte nach links«, befahl er.

»Wozu?« wollte Red wissen.

»Los, geh schon«, sagte Logan nur.

Red trat zwei Schritte zur Seite. Sobald er stehenblieb, wechselte Logan die Waffen, nahm Reds Revolver in die rechte Hand. Dann schoß er, überlegt und ruhig, dem Ganoven zwei Kugeln in den Oberkörper. Red stolperte über einen Futtertrog und schlug dann wie ein Ziegel gegen die Wand. Er war tot, bevor er auf den Boden fiel.

Wiesel und Bulldogge sahen mit weitaufgerissenen, ungläubigen Augen auf ihren Anführer, der wie ein schlaffer Sack auf den staubigen Bodenbrettern der Scheune lag. Dann wandten beide mit einem Ruck ihren Blick Logan zu.

»Einer nach dem andern nimmt seine Waffe heraus und legt sie auf den Koffer mit dem Geld«, sagte Logan. »Du zuerst.« Er zeigte mit dem Lauf des Revolvers auf Wiesel. »Und jetzt du«, befahl er Bulldogge, nachdem Duane gehorcht hatte. »Gut. Vorwärts, aus der Scheune, zum Leihwagen«, sagte er dann.

Logan steckte seine Waffe in den Gürtel, nahm rasch ein paar Bündel Geldscheine aus dem Koffer und dirigierte die beiden Gauner zum Wagen hinaus. Er hieß sie einsteigen, trat dann ein wenig vom Wagen zurück und sagte sehr ruhig:

»Die Sache wird folgendermaßen aussehen«, begann er. »Ihr beiden und Red habt einen Koffer mit Geld, das für den Kauf von Rauschgift bestimmt war, geraubt und seid hierher gekommen, um die Beute aufzuteilen. Ihr habt euch über die Anteile gestritten, und einer von euch hat Red mit seinem eigenen Revolver erschossen. Dann seid ihr zwei mit dem Geld abgehauen. Sobald man Reds Leiche gefunden haben wird, werden zwei Gruppen nach euch suchen; einmal die Polizei und zum anderen die bezahlten Killer. Wenn euch die Polizei erwischt, werdet ihr wegen der Ermordung von Red angeklagt. Ihr werdet zwar eine haarsträubende Geschichte von einem Exsträfling namens Logan erzählen, der vor kurzem aus Huntsville entlassen worden ist, aber es wird euch niemand glauben. Und ich gebe euch mein Wort drauf, eure Anwälte können die Sträflingslisten bis zum Sankt-Nimmerleins-Tag überprüfen, ohne daß sie etwas finden werden. Aber möglicherweise wird es gar nicht so weit kommen, wenn euch nämlich die Killer vom Syndikat vor der Polizei finden. In diesem Fall wird für euch sowieso alles vorüber sein. Mein Rat an euch beide ist also der: verschwindet von hier und fahrt so weit ihr könnt. Trennt euch, und jeder geht seinen eigenen Weg. Sucht euch jeder allein einen Ort, so weit von Texas entfernt als nur möglich: Alaska, Kanada, Rhode Island, nur ganz weit weg. Nehmt eine ehrliche Arbeit an und werdet seßhaft. Denn darüber müßt ihr euch im klaren sein: keiner von euch ist gerissen genug, ein einigermaßen erfolgreicher Gauner zu sein. Wenn ihr das nämlich wärt, hättet ihr die Falle, die ich euch gestellt habe, vom ersten Augenblick an erkannt.«

Logan trat an den Wagen heran und warf ein paar Geldscheinbündel durch das Fenster. »Das dürften wahrscheinlich vier- oder fünftausend sein, mehr als genug für die Reise und einen neuen Anfang. Und während ihr aus Texas verschwindet, vergeßt nicht daran zu denken, daß in dieser Scheune drei Tote liegen könnten statt nur einem. Und jetzt haut ab!«

Logan sah dem Leihwagen nach, bis er und die Staubfahne, die er hinter sich herzog, völlig außer Sicht war. Dann ging er in die Scheune zurück, legte Reds Revolver zu den anderen und schloß den Koffer mit dem Geld. Bevor er aus der Scheune ging, sah er sich noch Reds Leiche mit den beiden Einschüssen in der Brust an. Zwei saubere Schüsse, dachte er, beide genau ins Herz. Eine Kugel für jeden der beiden Polizisten, die Red ermordet hatte.

Er ging hinaus zum Wagen, in dem Lissa wartete, und empfand keine Spur von Bedauern.

Einen Monat später reichte Logan seine vorzeitige Pensionierung ein. Zwei Monate später, als er die Entlassungspapiere erhalten hatte, ging er zu Colonel Lansing, um sich zu verabschieden.

»Sie werden uns fehlen«, sagte der alte Haudegen. »Männer wie Sie sind nur schwer zu bekommen und werden immer weniger.«

Logan zuckte mit den Schultern. »Ich bin nicht mehr mit dem Herzen dabei, Colonel. Ich bin müde.«

»Verstehe«, sagte der Colonel. »Aber ich muß doch sagen, daß ich nicht vergessen werde, was im letzten Monat passiert ist. Zunächst der anonyme Anruf bei unserer Dienststelle unten in McAllen, der uns darauf hinwies, daß in dem Motel Rauschgiftschmuggler aufkreuzen würden, die auch tatsächlich eine große Menge Heroin bei sich hatten. Dann die drei Geschäftsleute aus St. Louis, die im gleichen Motel beraubt wurden und sich weigerten, Anzeige zu erstatten, weil ihnen angeblich nur ein Koffer mit Anzügen gestohlen worden sei. Eine Woche später finden drei Bauernjungen die Leiche von Red Lewis in einer Getreidescheune nur etwa hundert Meilen nördlich von McAllen. Wissen Sie, ich werde das Gefühl nicht los, daß Lewis irgendwie etwas mit den Rauschgiftschmugglern und den drei Männern, die beraubt worden sind, zu tun gehabt hat. Was meinen Sie?«

»Ich bezweifle es«, sagte Logan beiläufig. »Lewis hatte niemals etwas mit Rauschgift zu tun. Er spezialisierte sich auf Überfälle. Und ich kann mir nicht vorstellen, daß er bis nach McAllen gefahren ist, um drei Männern einen Koffer mit Anzügen wegzunehmen.«

»Sie haben wahrscheinlich recht«, gab der Colonel zu und rieb sich nachdenklich das Kinn. »Aber es waren drei Männer, die den Überfall ausführten, und Sie haben doch berichtet, daß Lewis zwei Burschen bei sich hatte. Seltsamerweise haben wir von ihnen bis jetzt keine Spur. Sieht so aus, als hätten sie sich in Luft aufgelöst.« Der Colonel lehnte sich in seinem Sessel zurück und faltete die Hände hinter dem Kopf.

»Das Verrückteste jedoch, was in diesem Monat passiert ist, ist die Sache mit dem Geld.«

»Was für ein Geld?« fragte Logan unschuldig.

»Fünfzigtausend Dollar«, sagte der Colonel, »wurden dem Witwen- und Waisenfonds gespendet – anonym! Und dann noch je fünfundzwanzigtausend für die Familien der beiden Polizisten, die Red Lewis ermordet hat. Das sind zusammen hunderttausend Dollar, die da wie aus dem blauen Himmel auf uns niedergegangen sind.«

»Vielleicht irgendein reicher Ölindustrieller«, sagte Logan, »der keine Publicity wollte – vielleicht wegen der Steuer. Sie wissen doch, wie diese Ölleute aus Texas sind.«

Logan stand auf, um zu gehen. Die beiden Männer schüttelten sich die Hände. »Jawohl, Sir«, sagte der Colonel beinahe feierlich, »Sie werden uns bestimmt fehlen. Sie sind ein guter Mann.«

Nachdem Logan die breite Treppe des Hauptquartiers der Bundespolizei von Texas hinuntergegangen war, schritt er um die Ecke des Gebäudes, wo ein neuer Kombiwagen parkte, dessen Kühler in Richtung Grenze von Mexiko zeigte.

In diesem Wagen befanden sich die andere Hälfte der zweihunderttausend Dollar, ein Mädchen namens Lissa und ein sehr verwöhnter Kater, der auf den Namen Ulysses hörte.

Originaltitel: LOGAN'S CROSS. 1/76

Talmage Powell

Auf dein Wohl

Ich und Dawn Ballou verließen die Pennsylvania Station ungefähr um dreiviertel vier, wie es in dem alten Lied heißt. Bevor der Zug abfuhr, stand ich auf dem Gehsteig und sah den Bahnbediensteten zu, wie sie den Sarg in den Gepäckwagen verluden. Ich bedankte mich für die behutsame und zartfühlende Art, wie sie diese Arbeit erledigten, und stieg dann in den Pullmanwagen, wo mich ein freundliches Schlafwagenabteil erwartete.

Zugfahren schläfert mich im allgemeinen rasch ein, nicht jedoch dieses Mal. Ich hatte auch kaum Appetit. Die ganze lange Fahrt durch Pennsylvania, Virginia und North Carolina mußte ich an Dawn Ballou denken.

Sie war ein so strahlend hübsches Mädchen gewesen, schlank mit rosigen Wangen, mit unschuldigen blauen Augen und einem raschen, frohen Lachen. Da sie immer bereit war, Freude zu machen, wollte sie, daß man auch sie gut leiden mochte und sie anerkannte. Nie sagte sie ein unfreundliches Wort zu jemandem, ich habe nie etwas Derartiges gehört.

Vor nahezu einem Jahr hatte sie Comfort, die kleine Stadt am Fuße der Carolina Smokies, unserem Gebirge, verlassen. Sie war dort geboren und aufgewachsen. Jedermann hatte ihren Entschluß verstanden und ihr alles Gute gewünscht. Erst eine Woche zuvor hatte sie ihren alten Vater beerdigt. Er hatte sie allein großgezogen, nachdem ihre Mutter gestorben war. Damals war Dawn knapp zehn. Sie hatte niemanden außer Grizzly Jackson, einen jungen Mann, der als Holzfäller angefangen hatte und ein wirklich feiner Kerl war. Er hatte sie schon eine ganze Weile mit seinen Heiratsanträgen verfolgt, aber als ihr Vater gestorben war, konnte sie Comfort und die große Ballou-Farm nicht mehr ertragen. Sie hatte Grizzly alles erklärt, ihm gesagt, daß sie eine Zeitlang weggehen müsse.

Grizzly hatte ihre Abreise vom einen Fenster des Traveller's Rest aus beobachtet. Als der Zug schnaufend die Station verließ und in Richtung Hickmans Georg der Sicht entschwand, zog Grizzly die Vorhänge zu und betrank sich drei

Tage lang.

Danach hatte in Comfort niemand mehr etwas von Dawn gehört. Erst vor vier Tagen hatte in Sheriff Collie Loudermilks Dienststelle das Telefon gerasselt. Eine bellende Yankeestimme verlangte den Sheriff. Ich sagte, daß er unterwegs sei, aber ich könnte ihm etwas ausrichten. Ich sei Gaither Jones, der Deputy von Collie.

Die Stimme gehörte einem New Yorker Polizeileutnant mit Namen Ginty. Er platzte mit der Nachricht heraus, und es war so, als hätte er mir einen Schlag auf die Nase und einen Fußtritt in die Gedärme gegeben. Dawn Ballou war tot! Im LSD-Rausch hatte sie sich angezündet und war verbrannt. Und jetzt brachte ich ihre sterblichen Überreste zurück, und niemand brauchte mir einen Bericht schreiben, damit ich wußte, was passiert war. McGinty hatte Tausende von ihnen, verrückte, verwirrte, verführte und seelisch kranke junge Menschen erlebt. Sie waren in vielen Fällen aus den kleinen Comforts, den kleinen Städten im Hinterland, nach New York gekommen.

McGinty hatte mir die verwahrloste und schmutzige Wohnung in Greenwich Village gezeigt, in der sie die letzten Wochen ihres Lebens verbracht hatte.

»Sie hat Freunde gefunden, um ein zutreffenderes Wort zu vermeiden«, hatte McGinty gesagt. »Sie hat das Intermezzo beendet, indem sie sich abgesetzt hat, davongegangen ist. Marihuana, Heroin und am Ende LSD.« Er hatte plötzlich mit dem Fuß ausgeschlagen wie ein Pferd und einen kleinen, wackligen Tisch zertrümmert. »Was sollen wir denn mit ihnen anfangen, frage ich Sie, Deputy Jones?« hatte er mit rauher Stimme gefragt.

Eines von diesen armen Menschenkindern beerdigten wir am selben Tag, an dem ich nach Hause kam. Es war ein sonniger Tag, und unsere kleine Holzkirche war zum Bersten voll mit Leuten in ihrem Sonntagsstaat. Als der einfache, jedoch würdige Trauergottesdienst vorüber war, nahm mich Collie Loudermilk auf dem Friedhof beiseite.

»Du hältst von heute an für ein paar Tage in Comfort die Stellung, Gaither«, sagte er. Collie ist ein drahtiger Oldtimer, der aussieht, als würde er den nächsten Bergwinter nicht mehr überstehen. Und so ist das schon mit ihm seit den letzten dreißig Jahren; er lebt aber immer noch, und wird noch viele von uns überleben. »Wie du weißt, wurde gegen Josh Billings, während du weg warst, verhandelt, und sie haben ihn verurteilt. Und ich muß sagen, daß ich mich wirklich freue, Josh hinunter ins Staatsgefängnis bringen zu können.«

Josh war ein Schwarzbrenner von der Sorte, die uns hier in unserem Bergland ständig Sorgen macht. Seine diesmalige Verurteilung hatte wie der Blitz eingeschlagen. Zehn Jahre! Niemand konnte sich mehr freuen als Collie und ich, wenn der Kerl verschwand.

»Klar«, sagte ich. »Hat wirklich keinen Zweck, daß dieser Josh Billings noch länger unser Gefängnis verpestet.«

Collie ging weg und mußte sich durch die Gruppen von Menschen hindurchschlängeln, die immer noch auf dem Friedhof herumstanden und sich unterhielten. Im Schatten einer mächtigen Eiche erkannte ich Jackson, der ganz allein dort stand und alles beobachtete. Er sah zu, wie die beiden kräftigen Männer, die mit ihren Schaufeln die frisch ausgeworfene Erde in das Grab zurückschafften, das unmittelbar hinter der Kirche ausgehoben worden war. Ein paar Vögel zwitscherten, und die Sonne schien warm auf die verwitterten Grabsteine.

Grizzly hörte mich herankommen, drehte seinen Kopf jedoch nicht in meine Richtung. »Einfach weg für immer«, sagte er.

Ich konnte ihn verstehen. Er war ein großer, bärenstarker Mann, knapp unter dreißig, mit rötlichem Haar und einem Gesicht, das im allgemeinen von herzlichen Lachfalten überzogen war. Er hatte seinen Spitznamen abbekommen, als er als Verteidiger in der Football-Mannschaft von Comfort spielte. »Mach sie fertig, Grizzly!« war das geflügelte Wort in jenen Tagen gewesen. Aber jetzt gab es nichts mehr fertigzumachen. Laut polizeilichen Ermittlungen lag hier ein Fall von Tod durch Unfall vor. Ein Rotkehlchenweibchen flog mit einem Wurm im Schnabel in die Eiche. Die beiden Totengräber verließen den Friedhof, die Schaufeln über den Schultern. Grizzly sah ihnen nach, bis sie in den Kastenwagen stiegen und davonfuhren.

»Grizzly«, sagte ich, »du hast von mir einen Freibrief, dich zu betrinken. Ich werde dich nicht wegen Ruhestörung einsperren.«

»Was würde das schon helfen?« fragte er. Dann ging er aus dem Schatten des Baumes zum frischen Grab und blieb dort mit dem Hut in der Hand stehen. Niemand belästigte ihn. Niemand störte ihn. Er stand immer noch dort, als der Friedhof schon längst wieder leer war.

Die Erschöpfung nach diesen Ereignissen setzte bei mir am nächsten Morgen ein. Das Gefängnis war leer, die Stadt ruhig. Also wehrte ich mich nicht gegen die Müdigkeit und döste wie ein fauler Sack in meinem Schaukelstuhl hinter dem Schreibtisch, als ich Schritte hörte, die sich dem Büro näherten. Jemand trat ein.

Ich schob die Krempe meines Hutes aus dem Gesicht, damit ich sehen konnte. Als dann der Fremde fragte: »Sheriff Loudermilk?« schwang ich meine Beine vom Schreibtisch und setzte mich aufrecht.

»Nee, der ist in der Hauptstadt und liefert dort einen Verurteilten ab. Außerdem hat er noch einiges dort zu erledigen. Ich bin Gaither Jones, der Deputy. Was kann ich für Sie tun?«

»Gaither Jones, hm? Ihr Name stand zusammen mit einigen anderen von ihren Hinterwäldlerfreunden in ihrem Notizbuch.«

Ich sah ihn mir von oben bis unten an. Selbst wenn sein Ton nicht so abfällig gewesen wäre, hätte ich ihn nicht gemocht. Lang und schlaksig stand er vor mir, wahrhaftig ein dreckiger Vogel. Sein Bart sah aus wie ein Geiernest, und der Verhau von schwarzen Haaren auf seinem Kopf hatte seit Wochen weder Kamm noch Wasser gesehen. Dreckige Sandalen, dreckige weite Chinahosen und ein lockerer, kragenloser Jerseypulli vervollständigten das Bild. Er glotzte mich durch eine Brille an, deren stark gewölbte Linsen seine Augen wegen der starken Vergrößerung wie die von Insekten aussehen ließen.

Diesem dreckigen Vogel war ein halbes Dutzend Leute gefolgt, die sich jetzt die Hälse verrenkten, um zu sehen, was in der Dienststelle passierte. Schließlich kam es nicht jeden Tag vor, daß ein echter Hippie in Comfort aufkreuzte.

»Ich glaube, ich habe Ihren Namen nicht gehört«, sagte ich.

»Crenshaw. Vinny Crenshaw.« Er nahm seine Brille ab und

blinzelte mich mit zusammengekniffenen grauen Augen an. »Sagt Ihnen das etwas?«

»Könnte ich nicht behaupten.«

»Wird aber.« Er quetschte ein Lachen durch seine Lippen. »Glauben Sie mir, er wird Ihnen etwas sagen. Sie haben nämlich gestern Mrs. Crenshaw beerdigt.«

Ich brauchte eine volle Sekunde, bis ich begriff, dann war es mir, als hätte ich einen Guß Eiswasser über den Kopf bekommen. Der Ausdruck auf meinem Gesicht schien ihn zu belustigen.

»Es stimmt schon, Deputy Jones. Mrs. Dawn Ballou Crenshaw.« Er legte sich halb über den Schreibtisch und nahm sich aus der Schachtel auf der anderen Seite einfach eine von Collies billigen Zigarren. »Also«, sagte er, »wie weit ist meine Farm von hier entfernt? Wieviel ist sie wert, wenn man sie rasch zu Bargeld machen will?«

»Falls Sie von der Ballou-Farm reden . . .«

»Von der Crenshaw-Farm, damit das klar ist.« Er schnupperte an Collies Zigarre, steckte sie sich in seine ungewaschene Klappe und holte sich einfach Streichhölzer aus der kleinen Küche nebenan. Das abgebrannte Hölzchen schnippte er in Richtung Tür. Dann quoll eine dicke Rauchwolke aus dem dichten Bartgestrüpp um seinen Mund. »Begreifen Sie doch, Mann. Ich bin ihr Gatte, der Erbe. Und ich bin hier, um mir zu holen, was mir gehört, und dann abzuhauen. Ich will Sie gar nicht ärgern, Mann, bestimmt nicht.«

Ich hatte ein Gefühl, als wachse mir im Genick eine Brandblase. »Die New Yorker Behörden haben nichts von einem Ehemann gesagt.«

»Glauben Sie mir ruhig. Die konnten ja nichts davon wissen. Ich war ja nicht in der Gegend, als sie Schluß machte. War nämlich gerade in einem anderen Revier der Stadt eingenäht und habe erst erfahren, was passiert ist, als Sie die Leiche schon mitgenommen hatten. Mann, Sie hätten nicht so rasch abhauen sollen. Ich hätte sie doch selbst hierher bringen können.«

Ich schob den Schaukelstuhl zurück und stand auf – mit ganz langsamen Bewegungen, damit ich das nervöse Zucken in meiner rechten Hand beherrschen konnte. »Ich glaube nicht, daß das Gericht hier auf Grund der standesamtlichen

Trauung Erbansprüche anerkennen wird, und ich ...«

Er biß mit kräftigen jungen Zähnen auf die Zigarre und legte den Kopf ein wenig zur Seite. »Standesamtlich?« Er begann zu lachen und konnte eine ganze Minute lang nicht damit aufhören. Dann wischte er sich die Tränen aus den Augen, zwischendurch immer wieder auflachend. Schließlich schaffte er es endlich, mir zwischen Lachanfällen zu erklären, daß die Ehe absolut gesetzlich bindend in Maryland geschlossen worden sei. »Wir haben den Ausflug dorthin extra aus diesem Grund gemacht, Pop. Um richtig zu heiraten. Alles ordentlich – mit Pfarrer und für die Ewigkeit. Mann, so was wie sie kreuzt doch nicht alle Tage bei uns auf – ganz alleinstehend auf der Welt und mit einem schuldenfreien Grundbesitz im Hinterland, woher schon viele zu uns gekommen sind.«

»Ziemlich gut für Sie ausgegangen, nicht wahr?«

An meinem Ton war zu erkennen, was ich über ihn dachte, aber er blinzelte über den Schreibtisch zu mir herüber, ohne den leisesten Ärger zu zeigen. Ja, er grinste mich mit dämlicher Freude aus seinem struppigen Bart heraus an.

»Sie war eine Puppe, Pop, eine prima Puppe. Aber ich wußte vom ersten Augenblick an, als sie zu schnupfen begann – das heißt in Ihrer Sprache, als sie Heroin nahm –, daß sie es niemals schaffen würde, Pop. Ihre Art gewöhnt sich nicht daran; die halten nicht lange durch.«

Ich mußte ihn hinausschaffen, bevor ich etwas sehr Polizeiwidriges tat. »Ich nehme an, Sie wohnen in Traveler's Rest?«

»Nur bis ich einen Rechtsverdreher gefunden habe, der alles in die richtige Form bringt und mir hilft, den alten Besitz in Zaster zu verwandeln. Aber Sie könnten mich eigentlich in der Zwischenzeit mal rasch auf meinen Hof hinausfahren.«

»Ich denke, das kann der Rechtsanwalt auch tun, den Sie sich aussuchen werden. Die Steuerzahler in dieser Gegend sehen es nicht gern, wenn Dienstfahrzeuge für kostenlose Taxifahrten verwendet werden.«

Er glitt vom Tisch herunter und stand schmal, tigerhaft vor mir: Der Ehemann, der sie absichtlich ruiniert hatte, um sich in den Besitz der Farm zu bringen.

Er grinste mit blitzenden Zähnen. »Jetzt glaube ich aber wirklich, der Mann will, daß ich verschwinde.« Er bummelte zum Ausgang. »Aber tragen Sie's mit Würde, Pop. Es gibt nicht die geringste Möglichkeit, mir Ärger zu machen. Durchsuchen Sie mein Zimmer, wenn Sie wollen. Wühlen Sie in meinen Sachen herum. Ich bin so sauber wie ein Baby hierhergekommen. Keine Marihuanazigaretten, keine gefälschten Papiere. Ich bin nur ein trostbedürftiger Witwer, der sich jetzt einen oder zwei Drinks genehmigen und sich dann nach dem besten Rechtsanwalt am Platz erkundigen wird.«

Er tippte mit seinem Finger an den schmalen Streifen seiner schmutzigen Stirn, der zwischen Haaransatz und Augenbrauen sichtbar war, und schon fiel sein Schatten auf den Gehsteig.

Ich ging durch den Dienstraum und öffnete die Fenster. Das diente einem doppelten Zweck. Einmal wurde der Raum gelüftet, und zum Zweiten hatte ich für meine Hände etwas zu tun, bis ich wieder abkühlte.

Dann fiel mir plötzlich Grizzly Jackson ein. Und jetzt wurde ich ganz kribbelig. Vinny Crenshaw hatte mich so beschäftigt, daß mir gar kein Gedanke an Grizzly Jackson gekommen war.

Ich schnappte mir das Telefon und wählte Grizzlys Büronummer. Vinny Crenshaw hatte, auf einen einfachen Nenner gebracht, Dawn Ballou umgebracht. Das war mir ganz klar. Es gab kein Gesetz, nach dem man gegen diese Art von Mord etwas unternehmen konnte, und Vinny wußte das.

Aber Grizzly Jackson würde diese Sachlage völlig gleichgültig sein. Allerdings das, was Grizzly vielleicht unternehmen würde, verbot eine ganze Reihe von Gesetzen. Grizzly war ein zu rechtschaffen denkender Mensch, als daß er Vinny die Ernte würde einbringen lassen.

Grizzlys Sekretärin sagte, daß er heute noch nicht aufgekreuzt sei, und seine Haushälterin meldete, er sei auch nicht zu Hause.

Ich ging zu meinem Schaukelstuhl und begann, Grizzlys Freunde und Geschäftspartner anzurufen, alle, mit denen er zu tun hatte. In einer so kleinen Stadt wie Comfort mußte ich eine solche Sache rasch lösen. Slim Jenkins, dessen Sägewerk zeitweilig für Grizzly arbeitete, sagte mir, er hätte Grizzly in Richtung BBB gehen sehen. Mit BBB wird hier Big Barney's Bar abgekürzt.

Ich eilte aus der Dienststelle und ging die Calhoun Street

hinunter. Bei uns gibt es sowohl lizensierte Schnapsläden wie auch Schwarzbrenner, zum Beispiel den kürzlich verurteilten Josh Bilings, als Hilfen gegen den Durst. Ich nahm an, daß Grizzly erst in den Schnapsladen gegangen war und dann weiter in die BBB, um dort die Medizin gegen die Erinnerung an die Beerdigung mit Bier hinunterzuspülen.

Barneys Lokal ist ein einziger schuppenartiger Raum mit einer Holzbalkendecke. Die Bar zieht sich an einer Seite hin, ein paar Tische und Stühle stehen in der Mitte, und an der Rückwand gibt es eine Musikbox.

Ich betrat den dunklen, dumpfen und nach Bier riechenden Raum und blieb mit einem Ruck stehen. An den Tischen im hinteren Teil saßen ein paar Männer. Zu dieser Gruppe gehörten auch Vinny Crenshaw und Grizzly Jackson, die gemeinsam an einem Tisch saßen.

Meine Kehle wurde bei diesem Anblick zundertrocken. Ich wünschte bei Gott, daß Collie hier wäre und nicht in der Hauptstadt. Ich überprüfte den lockeren Sitz meines Revolvers, nur um mich davon zu überzeugen, daß ich ihn notfalls dazu benützen konnte, um einem guten Mann eines über den Schädel zu ziehen, um ihn so aus größeren Schwierigkeiten herauszuhalten.

Ich hatte den Eindruck, daß ich wieder einmal im entscheidenden Augenblick gekommen war und daß es jetzt wohl an der Zeit wäre, mein Gehalt zu verdienen.

Ich ging wie auf Eiern in den rückwärtigen Teil der Scheune. Alle hatten bemerkt, daß ich gekommen war, aber ein gelegentliches Nicken und ein kurzer Blick waren alles, was mir zur Begrüßung zuteil wurde. Alle beobachteten Grizzly und Vinny.

»Sie war eine wirklich schöne Puppe«, sagte Vinny.

»Darauf muß ich trinken«, sagte Grizzly. Die braune Papiertüte raschelte, als er aus der großen Flasche trank, die er im Schnapsladen gekauft hatte, denn Barney durfte nur Bier ausschenken.

Beide tranken, fuhren sich mit der Zunge über die Lippen, und Grizzly sagte: »Ich werde sie niemals vergessen.«

Vinny antwortete: »Darauf möchte ich einen heben.«

Barney hatte seinen Bauch neben mich geschoben. »Wie lange geht das schon so?« flüsterte ich.

»Jetzt schon über eine halbe Stunde. Der Lump ist hereingekommen und hat erklärt, daß er ihr Ehemann ist. Grizzly war schon hier, und ich langte unter die Bar, um meinen Gummiknüppel hervorzuholen. Ich wußte, daß hier gleich der Teufel los sein würde – aber es passierte nichts. Grizzly lud den Halunken zu sich an den Tisch ein und erklärte ihm, daß er zum Andenken an sie einen ausgebe. Der Fremde meinte, daß das wirklich angebracht sei und er sich ebenfalls daran beteiligen möchte. Grizzly erwiderte, so etwas sei wirklich eines Gentleman würdig. Und seither sitzen sie dort und trinken.«

Ich stellte mich hinter die beiden und versuchte, die Lage zu peilen. Die ganze Sache sah so gar nicht nach Grizzly aus. Als die Zeit verging, während sie sich gegenseitig zutranken, wurde mir zunehmend klarer, daß Grizzly Vinny Crenshaw etwas vormachte und irgend etwas im Schilde führte. Mir waren die Folgen für Vinny völlig egal. Er hatte Dawn Ballou grausam zugrunde gerichtet, kaltblütig hatte er jeden Schritt auf diesem Weg überlegt. Er verdiente alles, was ihm passierte – weiß Gott.

Die übrigen Gäste teilten meine Ansicht. Nur an Grizzly nahmen sie nicht so viel Anteil wie ich. Sie wollten lediglich die Aufregung dieser Vergeltung genießen.

»Hups!« Vinny kicherte, als er das Glas umstieß, weil er danebengriff. »Wird ein bißchen neblig hier drinnen!«

»Und Sie sind verhaftet«, brach ich endlich mein Schweigen.

Es wurde mit einem Schlag ganz still im Lokal, und alle sahen mich an.

»Auf Grund welcher A-Anklage?« Vinny kam schwankend halbwegs auf die Beine.

»Trunkenheit und Erregung öffentlichen Ärgernisses.« Ich trat neben ihn und faßte ihn unter der Achselhöhle. »Komm brav mit, Kumpel. Du kannst dich bei uns ausschlafen, dort ist es sauber und sicher.«

»Schicher?« lallte er und taumelte gegen mich.

Grizzly lehnte sich mit einem Ruck auf seinem Stuhl zurück und sah mich an. Nach allem, was er getrunken hatte oder getrunken zu haben schien, kam er mir stocknüchtern vor. Eiskalt, gefährlich nüchtern.

»Jawohl, das habe ich gesagt«, erklärte ich Vinny. »Sicher im Schoß des Gesetzes, bis ich Collie Loudermilk ans Telefon bekommen und ihm sagen kann, daß er so rasch als möglich zurückkommen soll. Wir zwei werden es schon schaffen, dich von dunklen Nebenstraßen und einsamen Stellen hinter verlassenen Scheunen fernzuhalten. Los jetzt!«

Ich führte ihn rasch aus der Bar. Er stolperte, schwankte und brachte bei jedem dritten Schritt seine Füße durcheinander, aber ich ließ nicht zu, daß wir langsamer wurden, damit Grizzly und die anderen keine Zeit fanden, auf komische Gedanken zu kommen.

Als ich die Zellentür hinter Vinny abschloß, sagte ich zu ihm: »Diese Zelle wurde erst vor kurzem von Josh Billings geräumt, einem Schwarzbrenner, der genauso ein Stück Dreck ist wie du. Also kannst du dich hier ganz wohl fühlen.«

»Dafür werde ich dich fertigmachen, du blöder Bulle!«

»Du wirst mir dankbar sein, wenn du wieder bei Verstand bist.«

Ich ging aus dem kleinen Zellenblock in den Dienstraum zurück, wusch mir die Hände und rief in der Hauptstadt an. Man sagte mir dort, Collie sei unterwegs und müsse bei Einbruch der Dunkelheit in Comfort eintreffen. Ich stieß einen langen Seufzer der Erleichterung aus, als ich den Hörer auflegte. So wenig mir diese Aufgabe auch gefiel, aber es war meine Pflicht, für Vinny Crenshaws Sicherheit zu sorgen, solange er sich in unserem Amtsbezirk aufhielt, zumal er zumindest bis jetzt kein Gesetz gebrochen hatte. Die Nachricht, daß Collie unterwegs war, schien mir dieser Aufgabe mehr Aussicht auf Erfolg zu geben.

Ich ging über die Straße in Mutter Roddenbergers Café und dachte, während ich zu Mittag aß, über das Problem Grizzly nach. Als die Nachspeise kam, war ich mir darüber klargeworden, daß eine offene Aussprache mit Grizzly das Richtige wäre.

Barney war allein, als ich in die BBB kam. Er döste auf einem Stuhl hinter der Bar vor sich hin, zog ein Augenlid ein bißchen in die Höhe und ließ eine Begrüßungsbrummen vernehmen.

»Wo sind Grizzly und die anderen Jungs?«

»Was weiß ich, Gaither. Er ist gleich nach dir gegangen.

Ruhiger Tag, wie?«

»Ich hoffe nur, es bleibt so.«

Ich ging in die Dienststelle zurück und war eben dabei, an den Schreibtisch zu treten, blieb aber stehen und drehte mich um. Ich hörte das rauhe Brummen hinten im Zellenblock. Vinny sprach doch nicht mit sich selbst? Zwischendurch konnte ich Grizzlys Bariton hören!

Ich rannte zu den Zellen, und da standen beide, so freundlich, wie es nur zu wünschen gewesen wäre. Vinny lehnte auf der einen Seite an den Gitterstäben, Grizzly auf der anderen. Grizzly trank eben aus der Flasche, die aus der zerknautschten Tüte hervorsah. Vinny hatte eine eigene kleine Flasche.

»Sie war so schön«, sagte Grizzly.

»Da hast du ein wahres Wort gesprochen, Mann.« Vinny trank den Rest, der noch in der Flasche war, drehte sich um und warf die Flasche an die rückwärtige Mauer seiner Zelle.

Grizzly machte eine entschuldigende Handbwegung, drehte sich um und mit einem gutmütigen Lächeln von mir weg.

»Wirst du mich jetzt einsperren, Gaither?« Er bewegte sich hin und her wie ein zahmer Tanzbär, als er im Flur des Zellenblocks stand.

»Du weißt genau, daß ich das tun sollte.«

»Aber der arme Teufel hatte doch einen solchen Durst. Fremd in der Stadt. Trauernder Witwer. Gaither, es ist schon ein Kreuz mit dir. Immer denkst du nur wie ein sturer Paragraphenreiter.«

»Und weil du das nicht tust, hab ich ihn hier eingesperrt.«

Ein Glitzern, das er nicht ganz verbergen konnte, trat in Grizzlys Augen. »Meine Flasche war beinahe leer. Deshalb hab ich ihm die kleine Flasche mit dem weißen Schnaps gegeben, die auf Collies Schreibtisch gestanden hat«, sagte er.

Mir blieb einen Augenblick die Luft weg. Konnte nur da stehen und Grizzly anstarren. Er lächelte mich an, unbesorgt darüber, was vor ihm lag, über gar nichts irgendwie besorgt. Nur an das frische Grab schien er zu denken.

In der Zelle war Vinny Cranshaw der Länge nach auf die Pritsche gefallen und hatte das Bewußtsein verloren. Es würde ihm jetzt ebensowenig helfen, wenn man ihm den Magen auspumpte, wie es Dawn Ballou kurz vor ihrem Tode geholfen hätte.

Die kleine Flasche auf Collies Schreibtisch hatte als Beweisstück bei der Verhandlung gegen Josh Billings, den Schwarzbrenner, gedient. Er hatte eines der miserabelsten Gesöffe zusammengebraut, die je in dieser Gegend verhökert wurden. Ein Mann war schon daran gestorben, bevor wir herausbekamen, daß Josh es war, der dieses Destillat aus dem Rest in alten Benzinfässern und der Kühlflüssigkeit alter Autokühler braute.

»Vinny, Vinny«, brummte ich vor mich hin, »eins ist ganz sicher. Du hättest bei etwas Gesünderem bleiben sollen, zum Beispiel bei LSD. Nie, aber auch niemals hättest du einen Trip mit Josh Billings' Schwarzgebranntem riskieren dürfen!«

Originaltitel: THE LONGEST TRIP. 9/68

James Holding

Reife Leistung

Haverty war seit einem Jahr aus dem Gefängnis entlassen und hatte seither ein ordentliches Leben geführt, als er ein unwiderstehliches Angebot erhielt.

Es war für ihn aus zwei Gründen unwiderstehlich. Erstens, weil es seinen beruflichen Ehrgeiz reizte und seine mühsam erworbenen Fähigkeiten herausforderte, und zweitens, weil es versprach, seine dünn gewordene Brieftasche mit fetten zweitausend Dollar zu füllen. Das war eine recht ansehnliche Summe, wie sie ihm schon lange nicht mehr geboten worden war.

In dem einen Jahr, das seit seinem letzten längeren Aufenthalt im Gefängnis verstrichen war, hatte Haverty einmal mehr die Überzeugung gewonnen, daß es viel schwieriger ist, sich ehrlich durchs Leben zu schlagen, als auf unehrliche Weise, daß Wohlhabenheit unweigerlich auch dem beharrlichsten Kämpfer auf dem geraden und schmalen Weg der Ehrlichkeit vorenthalten bleibt, besonders wenn er, wie Haverty, zweiundzwanzig von seinen fünfundvierzig Lebensjahren hinter Gittern verbracht hatte. Diese harten Wahrheiten hatte einmal ein berühmter Millionär ganz eindeutig und klar so zum Ausdruck gebracht, daß sie sich bei Haverty unauslöschlich festgesetzt hatten. Nur ein Mann, der finanziell unabhängig ist, kann es sich leisten, völlig ehrlich zu sein.

Er hatte deshalb ein Gefühl der Heimkehr, des Wiedersehens mit der freundlichen Bruderschaft der Diebe nach langer Abwesenheit in den Reihen der langweilig nach dem Recht Lebenden, als Haverty dem Rendezvous zustimmte, das ihm heute morgen am Telefon vorgeschlagen worden war.

Macaloney's Tavern lag zwischen einem mit viel Messing verzierten Stereocenter und einem Discount Drugstore, ein schmales und fast verstecktes Gebäude. Um zehn Uhr nachts war das Stereocenter dunkel und der Drugstore eben dabei, zu schließen. In der hinteren linken Nische, hatte die Stimme am Telefon gesagt. Haverty stieß die Tür zu Macaloney's Tavern auf und blickte kurz in das Lokal, bevor er hineinging. Ein halbes Dutzend Gäste saßen auf den hohen Hockern an der Bar, die sich auf der rechten Seite des schmalen Raumes entlangzog. Auf der linken Seite luden sechs Nischen, jede für vier Personen, zum gemütlichen Beisammensitzen ein. In der ersten Nische, dem Eingang am nächsten, schmuste ein verliebtes Paar. Die nächsten vier Nischen waren leer. In der hintersten saßen zwei Männer nebeneinander und sahen zu Haverty hin, der an der Tür stand.

Haverty ging den schmalen Gang zwischen Bar und Nischen entlang. Er ging nicht eilig, aber auch nicht langsam. Er machte den Eindruck, als sei er ein ruhiger, unbesorgter Mensch, der wußte, wohin er ging und warum. Am meisten beeindruckend war bei ihm, so dachten die beiden Männer, die ihn herankommen sahen, sein katzengleicher, federnder, außergewöhnlicher ruhiger Schritt. In seinem Körperbau kam drahtige Kraft zum Ausdruck, eine schöne Ausgeglichenheit der Bewegungen und eine mühelose Beherrschung seiner geschmeidigen Muskulatur.

Haverty blieb an ihrer Nische stehen und sah die beiden Männer mit ruhig fragendem Blick an.

Der Große, der mit dem zerfurchten und blattennarbigen Gesicht, sagte: »Mr. Haverty?«

»Ja«, antwortete Haverty gedehnt und setzte sich auf die Bank in der Nische, den beiden am Tisch gegenüber.

Der Große streckte seine Hand aus: »Ich heiße Norcross«, sagte er, wobei ein schwaches Klicken wie von einem schlechtsitzenden Gebiß zu hören war. »Ich habe Sie heute morgen angerufen.« Haverty hatte die rauhe Stimme bereits wiedererkannt. »Und das ist Hugh Blood, der Mann, von dem ich Ihnen erzählt habe.«

»Hallo«, sagte Haverty. Er schüttelte jedem der beiden die Hand. Blood war klein und rundlich und hatte einen rötlichen Kinnbart. Auch seine Augen waren von einem rötlichen Braun und schienen voller Humor und guter Laune zu sein. Seine Stimme klang freundlich – ein heller Bariton. Er stellte einen ausgesprochenen Gegensatz zu dem schroffen Typ mit den grimmigen Augen dar, der sich Norcross nannte. Auf diesen Norcross mußte man aufpassen, sagte sich Haverty. Norcross hatte Augen, die wie Gewehrläufe auf einen gerichtet waren.

»Ich weiß nicht«, sagte Blood, »ob Mr. Norcross Ihnen

meine Idee erklärt hat, Mr. Haverty ...«

»Nicht im einzelnen«, unterbrach Norcross. Er grinste Haverty mit langen gelben Zähnen an, die doch seine eigenen sein mußten, wie Haverty meinte. Denn schließlich würde sich wohl kaum jemand ein so unansehnliches Gebiß machen lassen. »Ich habe ihm nur soviel erzählt, um ihn hierherzubringen, mehr nicht«, sagte er.

»Und hier bin ich«, sagte Haverty. »Was also jetzt?«

»Was wir vorhaben –« begann Blood.

»Warten Sie.« Haverty nahm eine Zigarette heraus und zündete sie an. »Bevor wir uns über irgend etwas vertraulich unterhalten, möchte ich erst eines klären.«

»Absolut verständlich«, sagte Norcross. »Schießen Sie los.«

»Zunächst mal: Wer, zum Teufel, sind Sie eigentlich?«

»Ich? Das habe ich Ihnen doch gesagt. Norcross, Wyman H. Ich stehe im Telefonbuch.«

»Ich nicht«, sagte Haverty. »Woher haben Sie also meine Nummer erfahren?«

»Die Nummer Ihrer Hauswirtin steht im Buch.« Norcross zuckte die Achseln. »Mehr brauche ich nicht zu wissen.«

»Wie haben Sie herausgefunden, daß ich dort wohne?«

»Ganz einfach. Homer Haverty, Exsträfling, versucht ordentlich zu leben. Jeder andere Exsträfling weiß das.«

Haverty sagte eine Sekunde lang nichts. »Sie wollen mir sagen, daß Sie ebenfalls ein Exsträfling sind? Welche Anstalt?«

»Raiford«, sagte Norcross mit einem neuerlichen Grinsen. »Raiford ist diejenige, die ich von allen Hochschulen am besten kenne.«

Haverty spürte eine leichte Entspannung. »Haben Sie dort von mir gehört? In Raiford?«

»Wie der Zufall so spielt, kenne ich Ihren dortigen Zellengenossen Conrad. Er ist auch derjenige, der mir gesagt hat, Sie seien in Ihrem Fach der Beste, Haverty.«

»Oh.« Haverty blies den Rauch in die Luft und lehnte sich entspannt gegen die Lehne seiner Bank. »Wenn Sie Joe Conrad kennen ...«

Blood, der während diesem gegenseitigen Abtasten geschwiegen hatte, beugte sich jetzt vor und sagte: »Wie wär's mit einem Drink, Mr. Haverty? Dann können wir wohl auch allmählich zum Geschäft kommen.«

»Einverstanden.«

»Was möchten Sie gern haben?«

Haverty ergriff die günstige Gelegenheit beim Schopf. »Einen doppelten Scotch On The Rocks«, sagte er sofort. Selbst konnte er sich solchen Luxus zur Zeit nicht leisten.

Norcross rief zum Bartender hinüber: »Zwei Bourbon mit Soda und einen doppelten Scotch On The Rocks.«

Sie saßen schweigend am Tisch, bis der Barkeeper die Klappe am Ende der Theke hob und ihre Drinks zur Nische herüberbrachte. Dann sagte Blood: »Zweitausend ist der Betrag, den wir im Sinn hatten, Mr. Haverty.«

Haverty schlürfte seinen Scotch mit Genuß. »Ich kenne den Betrag«, sagte er. »Was mir Mr. Norcross nicht gesagt hat, ist, was ich dafür zu tun habe.« Er sah Norcross mit schiefem Blick an. »Ich vermute, daß es nur eine krumme Sache sein kann?«

»Was sonst?« fragte Norcross höhnisch. »Schließlich heuert man nicht einen Top-Einbrecher als Lehrer für eine Sonntagsschulklasse an, nicht wahr?«

Haverty wartete.

»Lassen Sie mich das machen, bitte«, sagte Blood zu Norcross. »Sie haben ihn aufgetrieben, und dafür bin ich Ihnen dankbar. Aber von jetzt an möchte ich die Sache in die Hand nehmen. In Ordnung?«

»Okay«, sagte Norcross. »Ich werde still sein.« Er nahm einen Schluck Bourbon und lehnte sich zurück. Seine narbigen Hände legte er um sein Glas.

»Gut«, sagte Blood. »Nun, Mr. Haverty, Norcross hat Sie mir als den bestqualifizierten Mann in diesem Bundesstaat für das kleine Geschäft empfohlen, das wir im Sinn haben.«

»Danke.«

»Aber«, fuhr Blood fort, »ich bin davon unterrichtet, daß Sie lange Zeit im Gefängnis zugebracht haben. Wenn Sie so gut sind, wie Norcross behauptet, wie kommt es dann, daß Sie so oft ins Gefängnis gekommen sind?« Seine Stimme wurde bei dieser Frage ein wenig härter.

Haverty nahm einen Mundvoll Scotch und ließ sich Zeit, ihn hinunterzuschlucken.

»Wenn Ihr Freund Norcross soviel über mich weiß, müßte er auch die Antwort darauf kennen. Nun, wie sieht's damit aus, Mr. Norcross?«

»Ich kenne sie.« Norcross zeigte wieder einmal sein gelbes Grinsen. »Aber ich habe es Ihnen nicht erzählt, Blood. Die Frage ist jedoch wirklich gut. Lassen Sie ihn selbst berichten.«

»Ich möchte darauf eine wirklich vernünftige Antwort hören, bevor ich zweitausend ausgebe, um einen sogenannten Experten anzuheuern«, sagte Blood ruhig. »Das werden Sie doch sicher verstehen, nicht wahr, Mr. Haverty?«

»Sicher.« Haverty schwenkte den Scotch in seinem Glas herum und dachte an die zweitausend Dollar. »Ich bin niemals auf frischer Tat erwischt worden, wenn es das ist, was Ihnen Sorgen macht. Niemals beim Einbruch. In dieser Beziehung ist mein Ruf absolut einwandfrei. Es ist wohl so, daß ich nach meinen Unternehmungen etwas zu sorglos zu werden scheine.« Er machte mit dem Boden seines Glases Kreise auf dem Tisch. »Das letzte Mal wurde ich zum Beispiel festgenommen, weil mich so ein eifersüchtiges Weibsbild verschaukelt hat.«

Norcross ließ ein bellendes Lachen hören. »Jedesmal, wenn Sie eingebuchtet wurden, war es solch ein liebes Baby, das Sie hineingebracht hat«, sagte er. Dann zu Blood gewandt: »Frauen, Hugh. Das ist seine Schwäche. Hat mit seinem fachlichen Können nichts zu tun. Er ist immer ein Opfer geldgieriger Mädchen gewesen.«

Blood nickte, als wäre er zufrieden. »Ist das so, Mr. Haverty?«

Haverty wurde rot, aber sah ihm fest in die Augen. »Es ist so.«

»Okay. Dann sind Sie dabei.«

»Wenn mir der Job gefällt, darf ich doch erinnern.«

»Der Job wird Ihnen gefallen.«

»Ein Einbruch?«

Blood nickte. »Ein Einbruch, ja. Aber ein sehr schwieriger, Mr. Haverty. Sogar für Sie, glaube ich, denn das Haus gilt als einbruchsicher.«

»Was für ein Haus? Eine Bank?«

»Nein.« Blood lächelte. »Ein Privathaus.«

Haverty trank sein Glas leer. »Was verstehen Sie unter einbruchsicher? Alarmvorrichtungen?«

»Die besten. Jede Tür, jedes Fenster, der ganze Umkreis

des Hauses, alles mit dem nächsten Polizeirevier verbunden, nur zwei Querstraßen entfernt.«

»Mit Alarmanlagen werde ich fertig«, sagte Haverty zuversichtlich. »Wie sieht es mit Wachpersonal aus?«

»Nur eine kurze Überprüfung zweimal in der Nacht nach zwei Uhr morgens. Ausgeführt von einem privaten Unternehmen.«

»Solche Burschen sind für mich eine Hilfe«, sagte Haverty und erlaubte sich das erste Lächeln während der bisherigen Unterredung. »Sie machen mehr Lärm als die Leute von der Müllabfuhr. Ich hab sie oft dazu benützt, um Geräusche zu kaschieren, die bei meinen Jobs unvermeidbar waren.«

Norcross brummte, sagte jedoch nichts. Haverty spürte ganz deutlich die gegenseitige Abneigung, die zwischen ihnen bestand. Er fragte sich, wieviel Blood Norcross bezahlt hatte, damit er ihm einen erstklassigen Einbrecher besorgte, der das kleine Ding für ihn drehen sollte.

»Und wie steht's mit Haustieren?« fragte Haverty. »Hunde, Katzen, Affen, alles, was mich stören könnte?«

»Keine Haustiere. Keinerlei Getier, nicht einmal ein Kanarienvogel.«

Haverty stellte nun die entscheidende Frage: »Es muß etwas Besonderes in diesem Haus sein, das Sie haben wollen. So ist es doch? Wenn Sie bereit sind, mir für einen Einbruch zwei Riesen zu zahlen.«

Blood sagte: »Da ist etwas. Etwas sehr Außergewöhnliches.«

»Was?«

»Ein von Benvenuto Cellini geschaffener Kerzenleuchter.« Bloods Stimme wurde warm und ehrfurchtsvoll, als er den Namen aussprach.

»Wer, zum Teufel, ist Benvenuto Cellini?«

»Ein berühmter italienischer Goldschmied«, erklärte Blood. »Einer der großen Kunsthandwerker seines Faches im sechzehnten Jahrhundert.«

»Oh«, sagte Harvey, »ein antiker Kerzenleuchter ...« Er machte eine Pause. »Haben Sie Goldschmied gesagt?«

»Ja.«

»Der Kerzenleuchter, den Sie haben wollen, ist aus Gold?«

»Massives Gold und so weich, daß er völlig ruiniert werden

kann, wenn man nicht vorsichtig damit umgeht«, warnte Blood. »Ich werde Ihnen eine gepolsterte Samttasche besorgen, in der Sie ihn tragen können ...« Er beendete den Satz nicht.

»Muß aber ein ganz schönes Bündel Scheine wert sein«, sagte Haverty. »Nun, machen Sie sich keine Sorgen. Ich werde auf ihn aufpassen wie auf mein Leben.«

Blood atmete tief durch. »Dann sind Sie bereit, ihn für mich zu holen? Wie wär's mit einem neuen Drink, damit wir das Geschäft besiegeln können?« Er winkte dem Barkeeper wegen einer weiteren Runde.

Haverty sagte: »Wie wär's mit einem Vorschuß, um das Geschäft zu besiegeln, Mr. Blood?«

Blood schüttelte den Kopf. »Nachdem Sie den Kerzenhalter abgeliefert haben, Mr. Haverty. Soll keine Beleidigung sein.«

Haverty zuckte die Achseln. Die Drinks wurden gebracht, und es herrschte Schweigen, bis der Barkeeper außer Hörweite war. Dann sagte Haverty: »Wie kommt es, daß Sie alles über die Alarm- und Sicherheitsvorrichtungen wissen, daß keine Tiere im Haus sind und all das Zeugs, Mr. Blood? Es klingt so, als hätten Sie das Haus sclbst untersucht.«

Blood grinste. »Beinahe so als ob«, sagte er. »Ich war dutzende Male in dem Haus, weil ein Freund von mir dort wohnt.« Seine Augen bekamen einen erregten Glanz. »Und ich habe diesen Cellini-Leuchter so oft gesehen, daß ich ihn einfach haben muß!« Er kostete seinen Drink. »Ich bin Sammler, Mr. Haverty. Ich sammle zum Vergnügen Renaissancekunst. Ich kann es mir leisten. Und dieser Kerzenhalter ist ein Meisterstück, das ich unbedingt haben muß. So einfach ist das.«

»Warum kaufen Sie das verdammte Ding nicht?« fragte Haverty plump, »wenn Sie das nötige Bargeld haben?«

»Weil der Besitzer das Stück nicht für die Aktienmehrheit von General Motors verkaufen würde. Nein, wir müssen es stehlen, Mr. Haverty. Besser gesagt, Sie müssen es stehlen. Für mich. Das ist die einzige Lösung, die mir möglich erscheint.«

Haverty überlegte im Hinblick auf den leidenschaftlichen Wunsch Bloods kurz die Möglichkeit, den Preis zu erhöhen, entschied sich dann jedoch, es nicht zu versuchen. Vielleicht hatte der Sammler in Zukunft Jobs ähnlicher Natur für ihn. Außerdem lag es nicht außerhalb der Wahrscheinlichkeit, überlegte Haverty, daß er eine kleine Extrabeute mitnehmen konnte, während er den Kerzenleuchter holte. Was Blood und Norcross nicht wußten, machte sie nicht heiß.

»Ist der Bursche, der den Kerzenleuchter hat, auch ein Sammler?« fragte Haverty.

»Ja«, sagte Blood. »Er ist noch verrückter als ich, wenn das überhaupt möglich ist.«

»Hat er den Kerzenleuchter auch gestohlen?«

Norcross und Blood lachten beide. »Nein, er hat einen unglaublich hohen Preis dafür bezahlt«, sagte Blood. »Wenn Ihr Gewissen Sie quält, Mr. Haverty, so darf ich Ihnen sagen, daß der Kerzenleuchter voll versichert ist, so daß der rechtmäßige Besitzer keinerlei finanziellen Schaden durch Ihren Einbruch erleiden wird.«

»Wo wird der Gegenstand aufbewahrt?«

»Unter einem Glassturz in seinem Herrenzimmer. Der Glassturz ist bruchfest, hat er mir gesagt, doppelt verschlossen und mit einer elektrischen Alarmanlage versehen. Das ist selbstverständlich. Es wird ziemlich knifflig werden.«

Haverty sagte: »Können Sie mir einen Grundrißplan zeichnen, Mr. Blood?«

»Sicher.« Blood nahm einen Briefumschlag aus der Tasche, entfernte den Brief daraus und zeichnete auf die Rückseite des Umschlags mit einem Kugelschreiber eine grobe Skizze. »Es ist ein ganz normales einstöckiges Floridahaus«, erklärte er, »nur in der Ausstattung sehr modern. In der Mitte des Hauses befindet sich eine kreisrunde, sehr große Diele. Von ihr aus gelangt man in die Schlafzimmer, das Eß- und Wohnzimmer. Gegenüber dem Eßzimmer, auf der anderen Seite der Diele, liegt das Herrenzimmer. Die Küche ist hier, ich glaube, hinter dem Eßzimmer. Ja.« Blood zeichnete eifrig. »Ein ganz einfacher Grundriß, wie Sie sehen. Die Hauptschwierigkeit ist, hineinzukommen und dann mit dem Leuchter wieder heraus. Mein Freund und seine Frau wohnen ganz allein im Haus, keine Bediensteten, die im Haus schlafen, keine Kinder. Das Ehepaar schläft hier, vom Herrenzimmer am weitesten entfernt, ein glücklicher Umstand. Mit ein wenig Glück dürften Sie von ihnen nicht gestört werden. Die beiden müßten eigentlich Ihren Besuch glatt verschlafen«, sagte er mit einem leichten Lächeln.

Haverty studierte die Zeichnung, nickte und steckte den Umschlag in die Tasche.

»Wie ist die Adresse? Ich möchte das Haus selbst unter die Lupe nehmen, und zwar bei Tageslicht, bevor ich versuche, hineinzukommen.«

»1814 Concord Drive.«

Haverty schrieb sich nichts auf. »Ich werde es mir morgen ansehen. Und wenn es möglich zu sein scheint, hineinzukommen, werde ich es morgen nacht tun.« Er lächelte. »Ich werde mir bei meiner Firma einen Tag frei nehmen. Man kann mich dort entbehren.«

»Welches ist Ihr regulärer Job?« fragte Blood neugierig.

»Ich schwinge die rote Fahne zur Verkehrsregelung bei Straßenbauarbeiten«, sagte Haverty lachend. »Ich habe versucht, ein ordentliches Leben zu führen.«

Da lachte auch Norcross. »Und jetzt sind Sie drauf und dran, wieder in Ihr altes Leben zurückzufallen. Nun, für Geld könnte ich wohl selbst in Versuchung geraten, obwohl es schon eine verflucht lange Zeit her ist, seit ich etwas mit Gesetzwidrigkeiten zu tun hatte. Ich möchte Ihnen nur empfehlen, nach dieser Sache die Finger von den Frauen zu lassen, Haverty. Mr. Blood wird wohl kaum wünschen, daß Sie über den Leuchter Geschichten erzählen, nicht wahr, Hugh?«

Haverty sah Norcross mit einem langen und eisigen Blick an. Dabei überlegte er, wie sehr es ihm guttun würde, seinen Scotch in diese große, narbige Visage zu schütten. Aber der Gedanke an die zweitausend leichtverdienten Dollar ließ ihn sein aufbrausendes Temperament im Zaum halten. Er sagte deshalb nur ganz gleichmütig: »Das ist eine Lektion, die ich auf sehr harte Art und Weise beigebracht bekommen habe.«

»Niemand wird mir den Kerzenleuchter wieder wegnehmen, wenn ich ihn erst einmal habe«, sagte Blood hitzig. »Nicht einmal, wenn Haverty einen öffentlichen Vortrag darüber in einer Mädchenschule hält!«

Haverty fragte: »Wann und wo habe ich die Beute zu übergeben?«

Blood überlegte einen Moment, dann sagte er: »Mr. Norcross und ich werden morgen nacht, wenn Sie mit dem Leuchter aus dem Haus kommen, auf Sie warten. Wir werden in einer schwarzen Limousine sitzen. Wenn Sie herauskommen, wohl gemerkt! Der Wagen wird in Fahrtrichtung Süd um die Ecke auf dem Evergreen Way geparkt sein.« Er sah mit hochgezogenen Augenbrauen zu Norcross hin. »Okay?«

»Klingt vernünftig«, stimmte Norcross zu.

»Sie werden die Stelle sehen, wenn Sie morgen das Haus auskundschaften«, fuhr Blood fort. »Sie werden uns dort antreffen. Der Leuchter muß sorgfältig in diese Tasche verpackt werden . . .« Er händigte Haverty einen zusammengefalteten Samtbeutel aus, der sich unter dem Tisch, wo ihn Blood Haverty in die Hand schob, wie Wildleder anfühlte. ». . . und dann werden wir Sie dorthin fahren, wohin Sie wünschen.«

»Ich werde Ihnen den Leuchter besorgen. Haben Sie eine Ahnung, wenn Ihre Freunde zu Bett gehen?«

»Früh. Wenn sie nicht auf einer Party oder im Theater sind.«

»Gut. Dann dürfte es nicht viel später als Mitternacht werden.«

»Wir werden auf Sie warten. Mit den zweitausend.«

»In Ordnung.«

Haverty ging weg, nachdem er sein Glas ausgetrunken hatte. Er ging mit dem Gefühl, Blood trauen zu können, nicht jedoch Norcross. Ganz im Gegenteil!

Haverty hielt, was er versprochen hatte. Er nahm sich den nächsten Tag frei und lag faul und zufrieden bis zehn Uhr auf dem Bett in seinem Pensionszimmer. Dann stand er auf, rasierte sich, zog sich an und spülte ein Brot mit dänischem Käse mit zwei Tassen Kaffee hinunter, den er sich selbst kochte. Er hatte in seinem Zimmer eine elektrische Heizplatte für solche Zwecke. Er schaltete seinen billigen Radioapparat ein und bekam eben noch das Ende eines Kriminalhörspiels mit, das um diese Zeit gesendet wurde. Es ging um einen der Phantasie entsprungenen Dieb, der den schönen Namen Black Seal trug und die Polizei von London in Atem hielt. Die Sendung entlockte Haverty nur ein müdes und verächtliches Lachen. Im wirklichen Leben hätten die Bullen Black Seal schon geschnappt, bevor die halbe Stunde Sendezeit vorüber war.

Nach dem Frühstück holte er einen Stadtplan heraus. Concord Drive, so stellte er fest, lag genau gegenüber seiner Pension auf der anderen Seite der Stadt – auf der Nordseite –, also ziemlich weit entfernt. Die Buslinie 72, die an der Ecke seines Häuserblocks eine Haltestelle hatte, brachte ihn jedoch bis fast ans Ziel.

Er genoß die Busfahrt quer durch die Stadt. In Gedanken erfreute er sich bereits an der Annehmlichkeit, nach fünf armseligen Jahren endlich wieder einen beachtlichen Geldbetrag zur Verfügung zu haben. Nach morgen nacht würde er sich ein Taxi nehmen können, wohin immer er fahren wollte. Er konnte zwei Packungen Zigaretten täglich rauchen, wenn es ihm schmeckte – und sie würden ihm schmecken. Er konnte am Samstag abend Mama Coras Haus besuchen und allen Mädchen einen Drink kaufen, während er sich eins aussuchte, ohne daß er dafür die ganze Woche würde sparen müssen. Er dachte nicht einen Augenblick daran, daß bei dem Einbruch heute nacht etwas schiefgehen könnte. Nein. Homer Haverty war ein Fachmann, der seine Fähigkeiten genau kannte, der sie durch ständiges Lernen und Üben bis zur Fehlerlosigkeit vervollkommnet hatte. Insofern hatte Norcross recht gehabt, das mußte man ihm lassen. Man konnte ihm vertrauen. Haverty war der beste Einbrecher im Land, keiner war besser. Jeder, der lang genug mit dieser Materie vertraut war, mußte das zugeben. Haverty lächelte. Zweitausend Dollar für das Herausholen eines kleinen Goldleuchters!

Das Haus 1814 Concord Drive war in der Ausstattung modern, schon von außen gesehen, genau wie Blood gesagt hatte. Haverty schlenderte daran vorüber und sah es sich genau an. Es war ein weiträumiges Haus, aus roh behauenem, naturfarbenem Zypressenholz. Die rechteckigen Zimmer, die um die kreisrunde Diele in der Mitte aufgelegt waren, hatten nach allen Richtungen große Fenster ins Freie. Alle Fenster hatten Fensterläden. Aus der Luft, so kam ihm in den Sinn, mußte das Haus ein wenig wie ein Miniatur-Pentagon aussehen. Fensterläden waren geradezu lächerlich einfach zu öffnen für jeden Einbrecher, der diesen Namen verdiente. Aber eingedenk der vielen Alarmanlagen, mit denen zu rechnen war, zog Haverty es vor, einen anderen Weg ins Haus ausfindig zu machen, wenn das möglich war.

Die weite Fläche um das Haus war dicht und schön bepflanzt. Cabbage-Palmen, Eichen und Fichten umgaben das Haus. Hibiskus, Gardenien und Camiabüsche wuchsen überall. Ein roter Bougainvilleastock umrahmte mit seinen Zweigen die Eingangstür. Die roten Blüten sahen wunderschön aus. Das natürliche Durcheinander dämpfte das supermoderne Aussehen des Hauses vorteilhaft, fand Haverty.

Er sah die Scheinwerfer am Fuße der Palmen, andere weiter oben in den Eichen und Kiefern. Er grinste. Wenn die Scheinwerfer zum Alarmsystem gehörten, würde das Haus wie eine Bühne beleuchtet sein, sobald der Alarm ausgelöst wurde. Er hatte jedoch das sichere Gefühl, daß die Alarmanlage heute nacht nicht in Tätigkeit treten würde, mochte sie so raffiniert installiert sein wie sie wollte. Zumindest er würde sie nicht auslösen. Als er nämlich um die Ecke in den Evergreen Way einbog – wo Blood und Norcross auf ihn warten wollten –, sah er, wie erstaunlich einfach der Einbruch auszuführen sein würde.

Er machte sich gar nicht mehr die Mühe, weiter nachzuforschen. Er hatte alles gesehen, was er sehen mußte: drei Halbkugeln aus durchsichtigem Kunststoff, jede ungefähr einen Meter im Durchmesser, die auf dem Dach über der runden Diele in der Mitte des Hauses angebracht waren, zweifellos deshalb, um bei Tag Licht hereinzulassen. Bei Nacht waren sie eine interessante Dekoration, denn die drei von innen beleuchteten Halbkugeln mußten sich in der das Haus umgebenden Dunkelheit gut ausnehmen.

Haverty fuhr mit dem Bus zu seiner Pension zurück.

Der Nachmittag schleppte sich langweilig dahin. Vor allem deshalb, weil er jetzt, wo er wußte, wie einfach die Sache sein würde, sie auch hinter sich bringen wollte. Um zehn Uhr abends zog er sich einen schwarzen Freizeitanzug an, dazu schwarze Segeltuchschuhe. In die hintere Hosentasche steckte er den kleinen Beutel mit seinem Einbruchswerkzeug, den er nun beinahe fünf Jahre nicht mehr benützt hatte. In die andere Gesäßtasche steckte er ein paar dünne Baumwollhandschuhe und den Beutel, den Blood ihm für den Kerzenleuchter gegeben hatte. Dann ging er zur Bushaltestelle um die Ecke. Er hatte sich entschlossen, erst etwas zu essen, nachdem der Job erledigt war. Und morgen abend würde er ins erste Restaurant der Stadt gehen und in kulinarischen Genüssen schwelgen, was er seit fünf Jahren nicht mehr getan hatte. Heute abend hatte er keinen Appetit. Vielleicht die Nerven. Er dachte auch nicht daran, sich für seine Aufgabe mit einem Drink zu stärken. Er rührte mindestens zwölf Stunden vor der Arbeit niemals Alkohol an.

Der Bus, der ihn durch die Stadt brachte, war nur halb voll. Zwischen den Fahrgästen saß er ruhig und so unauffällig wie möglich. Er wollte jede Aufmerksamkeit vermeiden, die dazu führen könnte, daß man sich später vielleicht an ihn erinnerte. Zwei Haltestellen früher als am Morgen bei seiner Erkundungsfahrt stieg er aus dem Bus. Zweifellos eine unnütze Vorsichtsmaßnahme, aber Haverty war ein außergewöhnlich sorgfältiger Mensch. Er vermied bewußt, bei seiner Arbeit in Routine zu verfallen, an der man seine Handschrift hätte erkennen können. Nie ging er zweimal auf die gleiche Art vor.

Nachdem er aus dem Bus gestiegen war, ging er zu Fuß die Straße entlang, wie es ihm gerade einfiel. Er hatte keine Angst, sich zu verlaufen und die Concorde Drive nicht zu finden. Der Himmel war völlig bedeckt, Regen lag in der Luft. Als seine Uhr anzeigte, daß es kurz vor elf war, lenkte er seine Schritte entschlossen in Richtung Concord Drive und Kerzenleuchter. Als er sich aus der anderen Richtung als am Morgen bei seiner Erkundung dem Haus näherte, stellte er fest, daß in vielen Häusern, an denen er vorüberkam, noch Licht brannte; einige waren aber auch schon dunkel. Aus der Entfernung konnte er erkennen, daß der Gegenstand seiner Aufmerksamkeit zu den letzteren gehörte. Kein Licht drang aus den Fenstern. Kein Licht auch aus den Kunststoffkuppeln auf dem Dach. Das weitläufige Haus lag dunkel und still unter dem Schutz der Baumkronen rund herum.

Haverty war zufrieden. Die Tatsache, daß die Hausbewohner so früh zu Bett gingen und daß der Architekt die Kunststoffkuppeln auf dem Dach angebracht hatte, schienen ihm zu helfen, die Arbeit zu einem Kinderspiel zu machen, dachte er.

Zunächst hielt er sich im Schatten der Bäume, die an der Grundstücksgrenze zum Evergreeneway wuchsen, und sah nach, ob der schwarze Pontiac, wie Blood versprochen hatte, tatsächlich da war. Das war der Fall, der Wagen stand da. Gegen den Lichtschein einer ziemlich weit entfernt stehenden Straßenlaterne konnte er durch die Scheiben des Wagens die

Silhouetten von zwei Männern auf dem Vordersitz ausmachen. Die Scheinwerfer des Wagens waren ausgeschaltet.

Die Uhr zeigte jetzt ein paar Minuten nach Mitternacht. Er ging ganz leise den Zufahrtsweg zum Haus entlang bis beinahe an die Eingangstür. Kurz davor bog er scharf nach links unter das weitausladende Blätterdach einer Eiche an der Südecke des Hauses ab. Ohne auch nur das geringste Geräusch zu verursachen – nicht einmal ein Rascheln des Laubes oder ein Anstreifen am Gras verrriet seinen Weg –, schlich er sich durch die verstreut stehenden Blütenbüsche an das Fenster des Raumes, den Blood auf seiner Skizze als Eßzimmer bezeichnet hatte. In dem Winkel zwischen dem Fensterrahmen des Eßzimmers und der vorkragenden Mauer des anschließenden Wohnraums war ein Regenablaufrohr installiert, das das Wasser auf dem Dach in den Gully leitete.

Haverty mußte wiederum stumm vor sich hingrinsen. Heute klappte einfach alles. Nirgendwo, außer im subtropischen, regenreichen Florida, wäre das Abflußrohr von solch stabiler Qualität gewesen, sondern höchstens gewöhnliches verzinktes Blech, das die Korrosion schon weitgehend mürbe gemacht hätte. Fast überall sonst wäre es wahrscheinlich für den Zweck ungeeignet gewesen, für den Haverty vorgesehen hatte: als Leiter auf das Dach. Aber hier bestand es aus rostfreiem Stahl! Keine Bange. Es würde sein Gewicht leicht aushalten.

Während er am Fuß des Abflußrohres stand, holte er seine Handschuhe aus der Hüfttasche und zog sie sich über, wobei er seine Finger ganz vorsichtig in das dünne Material schob, das wie eine zweite Haut über der eigenen lag. So verlor er nicht das feine Gefühl, hinterließ aber keine Fingerabdrücke.

Innerhalb von fünfzehn Sekunden war er auf dem Dach. Er war an dem Abflußrohr so leicht und schnell hinaufgeklettert, als wäre es tatsächlich eine Leiter, die an das Haus gelehnt worden war. Völlig ruhig atmend, stand er einen Augenblick lang zwischen zwei der Halbkugeln über der Diele und beobachtete die Umgebung des Hauses von diesem vorteilhaften Punkt aus. Kein Geräusch außer dem leichten Rascheln der Palmwedel. Keine Bewegung außer der der Hibiskuszweige in dem leichten Wind, der auch den leichten Duft der Gardenienblüten zu ihm brachte. Kein Licht. Keinerlei

Lebenszeichen. Kein Anzeichen einer Gefahr.

Mit seiner bleistiftdünnen Taschenlampe, deren feinen Strahl er mit der Hand auch noch abdeckte, überprüfte er rasch die Kunststoffkuppel zu seiner Rechten. Dann schaltete er die Taschenlampe aus. Den Rest konnte er in der Dunkelheit erledigen. Er hatte wie erwartet festgestellt, daß die Halbkugel einfach auf einem Metallring saß, der in das Flachdach eingelassen war. Sechs Aluminiumschrauben, in Abständen gesetzt, hielten sie fest.

Haverty legte sich flach hin, um so wenig als möglich aufzufallen. Mit einem Schraubenschlüssel, den er seiner Werkzeugtasche entnommen hatte, waren die sechs Muttern rasch entfernt. Jede der entfernten Muttern steckte er sorgfältig in seine Hosentasche. Denn selbst eine herunterfallende Mutter machte in einer so ruhigen Nacht eine Menge Lärm.

Als alle Muttern entfernt und sorgfältig verstaut waren, steckte er den Schraubenschlüssel in seine Werkzeugtasche zurück. Er richtete sich auf die Knie auf, hob die Kunststoffhalbkugel ab und stellte sie leise zur Seite. Bei dieser Arbeit schlug sein Herz ein wenig rascher, obwohl er sich fast sicher war, daß das Hausalarmsystem sich nicht auch auf die Dachkuppeln erstreckte. Aber man war schließlich nie ganz sicher. Jeder Job war anders, und Blood hatte ihn noch darauf aufmerksam gemacht, daß dieser nicht leicht sein würde. Aber kein Alarm folgte auf das Abheben der Kuppel. Er hatte gewonnen.

Er setzte sich an den Rand des Loches im Dach, das jetzt frei war, und ließ seine Beine innen herabbaumeln. Dann faßte er den Metallring und ließ sich langsam in das dunkle Innere hinunter. Als er an den ausgestreckten Armen hing, war er mit den Füßen nach seiner Meinung etwas einen halben Meter über dem Boden der Diele.

Mlt einer Mischung von Spannung und Erleichterung löste er den Griff und ließ sich fallen. Hätte man ein Samtkissen auf eine Couch geworfen, das Geräusch wäre auch nicht lauter gewesen als das, das Havertys Füße versursachten, als sie auf dem Teppich des Fußbodens landeten.

Er war ohne Panne ins Innere des Hauses gelangt!

Zwei lange Minuten stand er bewegungslos an der Stelle, wo er aufgesetzt hatte, horchte angestrengt auf ein Geräusch, das ihm anzeigen könnte, daß er die Bewohner im Schlafzimmer geweckt hatte. Er hörte nichts, nicht einmal das schwache Geräusch eines leisen Schnarchens – etwas, woran er sich bei seiner Arbeit schon nahezu gewöhnt hatte.

Als die vorsichtshalber eingelegte Wartezeit zu Ende war, nahm er die dünne Taschenlampe wieder heraus, deckte ihren Strahl ab und sah sich rasch in dem Raum um, in dem er stand. Wie Blood gesagt hatte, befand er sich in der weiträumigen Diele, von der mehrere Türen abgingen, einige offen, andere geschlossen. Geschlossen waren zweifellos die Schlafzimmertüren, die Bäder, Küche, vielleicht auch noch der Vorratsraum. Die offenen Türen gehörten wahrscheinlich zum Wohnraum, Eßzimmer und Herrenzimmer. Eine breite Doppeltür befand sich direkt hinter ihm; der Wohnraum. Also würde man durch den Mauerbogen direkt gegenüber in das Herrenzimmer gelangen. Mit der Taschenlampe leuchtete er in diese Richtung. Bücherregale waren zu erkennen. Ein runder himmelbauer chinesischer Teppich, in dessen Rand kleine rote Vögel eingewebt waren, bedeckte den Boden der Diele bis an die Wand.

Er stellte einen Stuhl mit hoher Lehne, deren Querhölzer wie eine Leiter zu gebrauchen waren, direkt unter die Öffnung im Dach, durch die er gekommen war. Die Vorsorge für einen Fluchtweg war immer die erste Aufgabe, die er bei seinen Einbrüchen in Angriff nahm.

Dann richtete er aus etwa zweieinhalb Meter Entfernung den Strahl seiner Lampe auf die Tür des Herrenzimmers. Vielleicht war ein elektronisches Auge eingebaut, das den Alarm beim Durchschreiten auslösen würde. Oder vielleicht wurde er durch das Gewicht seines Körpers ausgelöst, falls der Schalter unter dem Teppich vor der Tür angebracht war. Er hatte schon öfter beide Arten erlebt. Er schlich wie ein Schatten vorwärts, blieb einen Meter vor der Tür an einer Ecke stehen und wartete wieder ein paar Augenblicke. Dann legte er sich flach auf den Bauch, streckte seinen Arm aus und faßte den Rand des Teppichs. Vorsichtig hob er ihn an und legte etwa einen halben Meter des Fußbodens vor der Tür zum Herrenzimmer frei. Das Licht der Taschenlampe zeigte ihm, daß kein Alarmmechanismus unter dem Teppich verborgen war. Vorsichtig ließ er den Teppich wieder zurückfallen und stand auf. Nun überprüfte er den Türrahmen mit größter Aufmerksamkeit. Er sah nur eine winzige Öffnung in der Türfüllung, aus der vielleicht ein unsichtbarer Strahl auf den gegenüberliegenden Rahmen fallen konnte. Die stecknadelkopfgroße Öffnung lag etwa vierzig Zentimeter über der Türschwelle.

Haverty nickte. Wahrscheinlich weil man im Haus weder eine Katze noch einen Hund hielt, der alle Augenblicke die Alarmanlage auslösen würde, war das elektronische Auge so niedrig angebracht.

Aber das machte Haverty keine Schwierigkeiten. Er war ein sehr schlanker Mann. Er legte sich auf den Rücken, den Kopf zur Tür. Füße und Beine legte er so flach als möglich. Nun begann er in den Raum zu robben, indem er sich mit den Fersen und Ellbogen Zentimeter um Zentimeter weiterschob. Bald hatte er es geschafft und war nie näher als fünf Zentimeter an die gefährliche Höhe des elektronischen Auges herangekommen. Das war eine ausgezeichnete Leistung.

Nachdem er sich endlich im Herrenzimmer befand, stand er auf und stieß einen hörbaren Seufzer der Erleichterung aus. Dann ließ er das Licht seiner Lampe über die Einrichtung des Herrenzimmers gleiten. Bibliothek wäre die richtigere Bezeichnung für den Raum gewesen. An allen vier Wänden standen Bücher, ausgenommen die große Fensteröffnung. Sogar über dem Fenster zog sich ein Bücherbrett hin.

In einer Ecke befanden sich ein Schreibtisch und einige Leselampen. Ein schöner orientalischer Teppich bedeckte zwei Drittel der Bodenfläche. Die Sitzmöbel waren mit rotem Leder überzogen und sahen sehr bequem aus, besonders der riesige Armsessel neben dem Schreibtisch. Ein Tisch mit einigen Büchern darauf stand an der anderen Seite des großen Sessels.

In der Ecke zwischen Fenster und Wand stand das, was Haverty stehlen sollte.

Ein schlanker Glaszylinder stand auf einem Sockel aus einem elfenbeinfarbenen Material, das Haverty für Alabaster hielt. Im Inneren des Glaszylinders stand der feingearbeitete goldene Kerzenleuchter, den dieser italienische Meister geschaffen hatte, dessen Namen Haverty nicht behalten hatte. Als das Licht der Taschenlampe darauf fiel, schimmerte er im herrlich warmen Glanz puren Goldes. Trotzdem sah das Ding nicht aus, als wäre es zweitausend Dollar wert. Obwohl Haverty natürlich zugeben mußte, daß es für jemanden, der solche Sachen liebte, wirklich schön sein mochte. Er sah sofort das beinahe durchsichtige Netzwerk feinster Alarmdrähte, die die Innenseite des Glassturzes überzogen. Er mußte den Sockel untersuchen, auf dem der Zylinder stand. Dort mußte sich ein verborgener Schalter befinden, oder ein Kontakt, mit dem die Alarmvorrichtung ein- und ausgeschaltet werden konnte.

Er machte zwei Schritte auf den Glassturz zu, unter dem der Kerzenleuchter ausgestellt war. Sie führten ihn geräuschlos an dem großen Sessel und dem Tisch vorüber.

Plötzlich brach die Hölle los.

Mit einem Schlag gingen sämtliche Lichter im ganzen Haus an. Durch das Fenster des Herrenzimmers sah Haverty das Grundstück im gleichen Augenblick von den Scheinwerfern in den Bäumen beleuchtet. Irgendwo draußen begann ein starker Scheinwerfer aufzuleuchten und sein Licht erst rot, dann in blendendem Weiß in das Herrenzimmer zu werfen. Schrill läuteten Alarmglocken und erfüllten das ganze Haus mit einem infernalischem Lärm.

Diese plötzliche Flut von Licht und der fürchterliche Lärm wären genug gewesen, um selbst einen Roboter in Panik zu bringen. Und sie riefen auch bei Homer Haverty einen Augenblick lang Panik hervor. Sein Körper wurde herumgerissen, als hätte er einen elektrischen Schlag von tödlicher Stärke erhalten. Er bebte am ganzen Körper wie ein zu straff gespanntes Seil und ließ die Taschenlampe fallen.

Was war passiert? Was, zum Teufel, war passiert? Er suchte gedankenlos nach seiner Taschenlampe, bevor er nach einigen Sekunden seinen Verstand wieder zu vernünftigem Denken zwingen konnte. Jetzt fielen ihm Bloods Worte wieder ein: »Alles mit dem nächsten Polizeirevier verbunden, nur zwei Querstraßen entfernt.« Im besten Fall würde es drei Minuten dauern, bevor die Bullen kamen. Jetzt wahrscheinlich eher nur mehr zwei.

Er ließ seine Taschenlampe Taschenlampe sein und stürzte zur Eingangstür. Der Weg über das Dach war zu zeitraubend geworden.

Als er den Eingang erreichte, warf er einen kurzen Blick

zurück und war erstaunt, daß noch niemand aus dem Schlafzimmer gekommen war, um nach der Ursache für die Auslösung des Alarms zu sehen. Er brauchte drei Sekunden, um die Kette an der Doppeltür auszuhaken, den Riegel zurückzuschieben, den Griff zu drehen und aus dem Haus zu rennen. Die Tür ließ er offen. Er schützte seine Augen vor dem gleißenden Licht, das ihn umgab, mit den Armen, und rannte mit Riesensprüngen unter eine der großen Eichen, wo er Schatten zu finden hoffte, lief weiter durch die Büsche zur Nordwestecke des Grundstücks und brach mit dem Kopf voran durch die Hecke, die die Grenze darstellte.

Die relative Dunkelheit des Evergreenway war Haverty so willkommen wie ein dunkelhaariges Showgirl einem schwedischen Impresario, nachdem er zahllose blonde Schönheiten interviewt hat. Mit großer Erleichterung sah er, daß der schwarze Pontiac noch da war. Er rannte auf ihn zu, sah die Scheinwerfer aufleuchten und die rechte Hintertür offenstehen. Er sprang in den Wagen, keuchte »Ab!« und klappte dankbar auf dem Rücksitz zusammen.

Blood, der am Steuer saß, fuhr sofort vom Bordstein weg und mit mäßiger Geschwindigkeit davon.

Norcross sah mit einem beinahe zufrieden wirkenden Blick über die Lehne des Vordersitzes auf Haverty. »Was ist passiert?« fragte er barsch. »Auf einen Draht getreten oder was?«

»Nein«, sagte Haverty.

»Jemand muß es aber getan haben.«

»Ich war's jedenfalls nicht!« fuhr ihn Haverty an, zu verärgert und enttäuscht, um höflich zu antworten.

Blood sagte: »Laß ihn in Ruhe. Wir werden uns darüber unterhalten, wenn wir irgendwo ruhig beisammensitzen.«

Er ist ein wirklich anständiger Kerl, dachte Haverty. Bekommt seinen Kerzenleuchter nicht und setzt sich noch für den Tölpel ein, der das Ding verpfuscht hat.

Norcross verfiel in Schweigen. Blood fuhr und pfiff nur ganz leise durch die Zähne. Das war seine einzige Reaktion. Haverty atmete inzwischen ruhiger und bemühte sich verzweifelt herauszufinden, was schiefgegangen war.

Zu Havertys Überraschung fuhr Blood nach fünfzehn Minuten vor Malaconey's Tavern und parkte den Wagen. Das

Lokal war ein Ort der Wärme und Geborgenheit inmitten der langen Reihe dunkler Lagerhäuser in der zehnten Straße.

»Wir werden mal hineingehen und was trinken«, sagte Blood. Er schaltete den Motor aus und stieg aus dem Wagen.

Auch Norcross und Haverty verließen das Fahrzeug. »Ich habe wirklich einen Drink nötig«, sagte Haverty mit einem Seufzer. »Wären Sie nicht dagewesen, Mr. Blood, als der Alarm losging, wäre ich jetzt sicher tot. Und noch einmal ein Aufenthalt im Knast würde mich genauso umbringen.«

Sie gingen in die Kneipe und setzten sich in dieselbe Nische wie am vergangenen Abend. »Der Bursche macht doch tatsächlich den Versuch, sich zu bedanken, Hugh«, polterte Norcross mit seiner rauhen Stimme, als sie dem Barkeeper winkten.

Haverty nickte. »Das tu ich wirklich«, sagte er ernst. »Ich danke Ihnen, Mr. Blood.« Er bemühte sich, auch gegenüber Norcross einen verbindlichen Ton anzuschlagen. »Und ich danke auch Ihnen, Mr. Norcross.«

Blood sagte zum Barkeeper: »Zwei Bourbon und Soda und einen doppelten Scotch On The Rocks.« Der Mann ging hinter die Theke, um die Getränke zu holen.

»Es tut mir verdammt leid wegen dem Kerzenleuchter, Mr. Blood«, sagte Haverty deprimiert. »Ich kann einfach nicht verstehen, was passiert ist, wo ich einen Fehler gemacht haben soll.«

»Sie haben den Alarm ausgelöst«, sagte Norcross. »Das haben Sie falsch gemacht.«

»Es muß so sein. Aber ich will verdammt sein, wenn ich weiß, wie.«

»Machen Sie sich wegen des Kerzenleuchters keine Gedanken«, sagte Blood. »Das ist meine Sorge. Was Sie ärgert, ist doch sicher, daß Sie Ihre zweitausend Dollar verspielt haben, nicht wahr?«

Haverty nickte. »Sie waren schon so gut wie in meiner Tasche!«

»Das können sie immer noch sein.«

Havertys Gesicht drückte nichts als Ungläubigkeit aus. »Zweitausend? Dafür, daß ich einen Bruch vermasselt habe?«

»Sie haben ihn nicht wirklich vermasselt. Nicht von unserem Standpunkt aus.«

»Was soll das heißen? Ich habe den Leuchter nicht bekommen. Ich habe den Alarm ausgelöst. Ich habe den Coup verpatzt.«

»Vergessen Sie den Alarm«, sagte Blood. Er unterbrach seine Rede, als der Barkeeper ihre Getränke brachte und auf den Tisch stellte. »Genevieve hat ihn sofort, nachdem Sie weg waren, ausgeschaltet.«

»Genevieve?« Haverty starrte ihn an.

»Ja, meine Frau.«

»Ihre Frau!« Haverty war perplex. »Ihre Frau war dort?«

Blood lachte. »Sie war die ganze Zeit im Schlafzimmer und hat gewartet, bis der Alarm ausgelöst wurde.«

»Dann war das Ihr Haus?« Langsam begann Haverty ein Licht aufzugehen. Trotzdem drehte sich noch immer alles in seinem Kopf.

Blood freute sich offensichtlich königlich. »Ich muß mich bei Ihnen entschuldigen, Sie getäuscht zu haben«, sagte er, »aber wir mußten das tun, wenn unser Test absolut glaubhaft sein sollte.«

»Was für ein Test?« Haverty kam sich wie ein Papagei vor, der alles wiederholte, was Blood sagte.

»Wir testen zur Zeit unser neues Alarmsystem.« Bloods Augen blitzten vergnügt auf. Sein Lächeln ließ seinen dünnen Kinnbart noch schütterer erscheinen. »Mr. Norcross und ich sind im Objektschutzgeschäft tätig, Mr. Haverty. Wir haben ein neues Gerät erfunden, von dem wir annehmen, daß es den ganzen Industriezweig revolutionieren wird. Bevor wir jedoch begannen, es in Serie zu produzieren und zu vertreiben, wollten wir einen authentischen Versuch durchführen – einen Härtetest, wie man sagen könnte –, um festzustellen, ob die Sache wirklich so großartig ist, wie wir denken.«

»Und was ist authentischer, als einen Berufseinbrecher damit zu konfrontieren, so ist es doch?« fragte Haverty.

»Genau«, antwortete Blood. »Und Sie waren sehr gut, Mr. Haverty. Wir waren nicht einmal sicher, ob Sie überhaupt ins Haus gelangen würden.«

»Ins Haus zu kommen war ein Kinderspiel.« Haverty sah Norcross an. »Was ist das für ein neues Gerät, das Sie da haben? Ich interessiere mich natürlich dafür. Oder ist das ein Geheimnis?«

Norcross sagte: »Kein Geheimnis. Es ist patentiert. Nachdem Sie ins Haus eingedrungen sind, haben Sie es bis ins Herrenzimmer geschafft, nicht wahr?«

»Ja, unter der Lichtschranke hindurch.«

»Und als Sie auf den Kerzenleuchter zugingen – ging der Alarm los. Stimmt's?«

»Ja«, sagte Haverty widerstrebend. »Und ich habe verdammt nicht einen einzigen Fehler gemacht, der das System ausgelöst haben könnte –«

»Warten Sie«, sagte Norcross. »Erinnern Sie sich an den großen Ledersessel neben dem Schreibtisch? Mit dem Tisch daneben?«

Haverty nickte.

»Und ein paar Bücher darauf?«

»Ja.«

Norcross nahm einen kleinen Schluck von seinem Bourbon. »Das war die Alarmvorrichtung, mein Lieber«, sagte er selbstzufrieden. »Das oberste Buch auf dem Tisch. Es reagiert überempfindlich auf Körperwärme und die leiseste Bewegung. Kein Lebewesen kann sich im Umkreis von zwei Metern davon bewegen, ohne den Alarm auszulösen. Nicht einmal ein Hund, eine Katze oder eine Maus. Ganz schön clever, wie?«

Haverty atmete tief ein. »Wirklich clever«, sagte er mit leiser Stimme. »Alle diese Scheinwerfer, Alarmklingeln, Sirenen und Suchscheinwerfer wurden durch meine Körperwärme ausgelöst, als ich an diesem lausigen Buch vorbeigegangen bin?« Er konnte seinen Ärger und die Enttäuschung nicht verbergen.

Blood lachte. »Nehmen Sie es nicht so schwer, Mr. Haverty«, sagte er. »Sie haben genau das getan, was wir uns von Ihnen erhofft haben – nämlich nachgewiesen, daß unser neues Alarmsystem tatsächlich einbruchsicher ist. Dafür sind wir Ihnen dankbar. Hier sind Ihre zweitausend.« Er reichte einen dick mit Scheinen gefüllten Umschlag über den Tisch.

Haverty begann sich wieder wohler zu fühlen. Das Geld zu haben, war schon eine feine Sache. Er machte sich gar nicht die Mühe, es zu zählen, sondern schob den Umschlag einfach in seine Gesäßtasche zu dem Beutel mit den Einbruchwerkzeugen. Er vertraute Blood – hatte ihm von Anfang an vertraut –, nicht jedoch Norcross.

Er fragte Blood: »Wie wird Ihre Frau der Polizei den falschen Alarm erklärt haben, als die bei Ihnen zu Hause anrückte?«

Norcross gab ihm die Antwort: »Die Polizei ist heute nacht überhaupt nicht gekommen, Haverty. Ich habe das vorher mit ihr abgemacht. Sagte den Leuten, daß wir die Anlage überprüfen wollten und sie den Alarm ignorieren könnten. Verstehen Sie, ich habe einigen Einfluß bei der Polizei, Haverty. Ich war früher selbst einer von ihnen.«

»Ich dachte mir doch gestern abend schon, daß Sie nach Bulle riechen«, sagte Haverty langsam. »Deshalb also wußten Sie von mir und Joe Conrad in Raiford.«

»Jawohl, deshalb. Tatsächlich war ich es auch, der Conrad vor Jahren zu seinem ersten Aufenthalt dort verholfen hat. Ich war damals Sergeant in der Abteilung für Eigentumsdelikte.« Er trank die Hälfte des Bourbon, den er noch in seinem Glas hatte. »Jetzt jedoch bin ich stellvertretender Direktor der Blood Electronic Alarm Systems, Inc. Ein viel besserer und schönerer Job.« Grinsend zeigte er seine langen gelben Zähne.

Blood blinzelte Haverty zu. »Mr. Norcross ist mein Onkel.«

»Oh«, sagte Haverty nur. Nach einigem Überlegen wandte er sich lächelnd an Blood. »Nun gut, die ganze Sache mag das sein, was man einen authentischen, glaubwürdigen Versuch nennt. Aber Sie haben mich immerhin aufs Kreuz gelegt, sind mir in den Rücken gefallen, Mr. Blood. Ich würde mich wundern, wenn Sie nicht verborgene Kameras eingebaut hatten, die Fotos von Ihrem Meistereinbrecher aufgenommen haben, als ihn Ihr neues System aus dem Haus verscheuchte.«

»Haben wir«, sagte Blood.

Haverty sah zu Norcross hin. »Die Fotos sind Beweismaterial, nicht wahr?« fragte er. »Sie können mich damit jederzeit wieder hinter Gitter bringen, wenn Sie Lust dazu haben.«

Blood sagte besänftigend: »Aber, aber, *ich* habe veranlaßt, daß die Fotos aufgenommen wurden, Mr. Haverty. Immerhin bin ich der Chef der Firma. Ich kümmere mich auch um die Werbung. Diese Fotos sollen nur für die Werbung verwendet werden...« Er machte eine Pause. »Wenn Sie damit einverstanden sind, natürlich...« Wieder eine Pause.

»Was muß ich tun? Einen Vertrag über die Freigabe der

Fotos unterschreiben?« Haverty dachte an die zweitausend Dollar in seiner Tasche.

»Wir möchten Ihre Fotos, Ihren Namen und eine beglaubigte Aussage von Ihnen für die Werbung benützen«, sagte Blood. »Wir denken uns das etwa so: ›Neues Alarmsystem ließ mich scheitern‹, sagt Homer Haverty, der erfolgreichste Einbrecher der Welt. Sichern Sie Ihr Geschäft oder Ihr Haus gegen Einbruch mit dem Blood's Burglar Book-Alarmsystem.«

Haverty grinste.

Blood fuhr fort: »Wir möchten jedoch, Mr. Haverty, mehr als nur eine Einführungswerbung. Wir möchten Sie als Berater unserer Firma regelrecht anstellen. Sie sollen uns Ihre fachmännischen Kenntnisse auf dem Gebiet der Sicherheitssysteme zur Verfügung stellen und mithelfen, wirklich zuverlässige Geräte herzustellen. Das heißt«, fügte Blood hinzu, »Geräte, die tatsächlich kein Einbrecher überlisten kann.« Er machte eine Pause. Dann fragte er: »Was sagen Sie dazu, Mr. Haverty?«

Haverty trank seinen Scotch aus, bevor er antwortete. Dann fragte er mit neugieriger, ungläubiger Stimme: »Auf der Basis einer regelrechten Anstellung, Mr. Blood? Soll das heißen, daß Sie mir ein richtiges Gehalt, regelmäßig jeden Monat, zahlen wollen?«

»Natürlich. Sechshundert Dollar monatlich dachten wir uns als Anfang, nicht wahr, Norcross?«

Haverty schluckte. »Macht es Ihnen etwas aus, wenn ich Ihnen sage, was ich über Ihr Angebot denke, wie es mir vorkommt?«

»Schießen Sie los.«

»Es kommt mir so vor, als wäre ich gestorben und in den Himmel gekommen! Sie bieten mir eine Möglichkeit, für den Rest meines Lebens aus dem Gefängnis herauszubleiben, Mr. Blood. Anständig und ehrlich zu leben, nichts mehr mit diesen elenden, stinkenden Bullen zu tun zu haben, niemals mehr!«

»Und wie steht es mit Exbullen?« fragte Norcross sauer.

»An die kann ich mich gewöhnen, denke ich«, sagte Haverty lachend.

»Dann wollen Sie also für uns arbeiten?«

»Sie wissen es, Mr. Blood. Und ich danke Ihnen tausendmal für diese Chance.« Haverty kam ein Gedanke. »Sie wollen Ihre zweitausend Dollar jetzt wohl zurückhaben, Chef?«

»Behalten Sie das Geld«, sagte Blood. »Für Spesen.« Er schüttelte Haverty die Hand. »Wie wär's dann, wenn Sie morgen ins Werk kämen und sich um die Anstellung bewerben würden?« Er gab Haverty eine Adresse und stand auf. »Und jetzt wollen wir nach Hause fahren.«

Als sie aus der Malaconey's Tavern traten, goß es in Strömen. Der tropische Guß hatte die Gullys schon zum Überlaufen gebracht. »Ein Glück, daß der Wagen direkt vor dem Lokal steht, nicht wahr?« sagte Blood. »Wo können wir Sie absetzen, Haverty?«

Haverty schüttelte den Kopf. »Ich werde mir nach dem Regen ein Taxi nehmen«, sagte er. Er steckte seine Hand in die Hosentasche und nahm sechs Muttern heraus, die er Blood hinhielt.

»Aber Sie sollten jetzt so schnell wie möglich nach Hause fahren, Mr. Blood. Sonst wird nämlich Ihr Kerzenleuchter in die Küche schwimmen. Ich habe ein Loch in Ihrem Dach zurückgelassen, das genug Wasser durchläßt, um das ganze Haus zu überschwemmen!«

Originaltitel: BREAK-IN. 1/76

Edward D. Hoch

Beim Bart des Propheten

Der Strand hatte einen nicht annähernd so schönen Sand wie der von Nassau, aber für Harry Couger war dieser Ort doch das Paradies. Er konnte stundenlang am Wasser herumbummeln und dachte nie an das Leben daheim, an das Leben, das er um dieser Insel in der Karibik willen aufgegeben hatte. Einer Insel, die noch vor einem Monat nur ein grüner Punkt auf der Karte gewesen war – wenigstens für ihn.

Harry Couger hatte seinen Plan sorgfältig durchgeführt, immer nur wenig Geld auf einmal genommen und seine Unterschlagungen so geschickt vertuscht, daß die Prüfer einen ganzen Monat gebraucht hatten, um überhaupt zu entdecken, wie er es angestellt hatte. Aber als Harry erkannte, daß die Sache nun aufkommen mußte, hatte er die 107 000 Dollar, die er zusammengebracht hatte, genommen und war mit der ersten erreichbaren Maschine von New York nach Miami geflogen. Von dort aus war es nur ein Sprung nach Nassau und auf die winzige Insel Quinquid, mit ihrer herrlichen Brandung und dem Strand, der beinahe so schön wie der von Nassau war.

Harry hatte vor, den Rest seines Lebens auf Quinquid zu verbringen. Und da er sich bereits den Fünfzigern näherte, würde das mitgebrachte Geld sicher ausreichen, ihm einen vernünftigen Lebensstil zu ermöglichen. Die hohen Lebenshaltungskosten der modernen Zivilisation hatten diese abgelegene Insel noch nicht verdorben. Wenn er am Strand entlangbummelte, dachte er gelegentlich noch an Frau und Tochter, die er zurückgelassen hatte, aber wirklich nur noch gelegentlich und ohne Reue. Seine Frau hatte sich schon vor seiner Abreise anderweitig getröstet.

An einem dieser Tage seines schönen Inseldaseins, als eine steife südliche Brise den hereinkommenden Wellen weiße Schaumkronen aufsetzte, bemerkte Harry Couger eine kleine Motoryacht, die sich gefährlich nahe an der Küste befand. Ein großer, tiefgebräunter Mann in Badeshorts stand im Heck des Fahrzeugs und zog mit einer Kabelwinde etwas vom Meeresboden herauf.

»Sie sind gefährlich dicht am Strand!« rief Harry laut hinüber und platschte durch die Brandung zur Yacht hinaus. »Was holen Sie denn da herauf?«

Der Mann drehte sich ihm lachend zu, wobei er eine Reihe strahlend weißer Zähne zeigte. »Sehen Sie sich's mal an!« sagte er.

Harry sah mit Erstaunen, daß sich ein rostiger Metallzylinder aus dem von den Gezeiten angeschwemmten Sand herauszuheben begann. »Das ist ja eine alte Kanone«, sagte er ein wenig atemlos, weil er es nicht recht glauben konnte.

»Ganz genau! Von einem alten britischen Kriegsschiff, das hier vor hundertsechzig Jahren gesunken ist. Aufgepaßt!«

Die Kanone kam plötzlich aus ihrem sandigen Grab frei und wurde nun durch das flache Wasser zur Yacht gezogen. Harry watete weiter hinaus und half, den Fund an Bord zu heben.

»Was werden Sie damit anfangen?« fragte er. »Behalten oder was?«

»An irgend jemanden verkaufen. Vielleicht an ein Museum. Kommen Sie an Bord – Sie haben sich für Ihre Hilfe ein Bier verdient.« Er streckte seine rechte Hand aus und sagte: »Die Leute hier nennen mich Prophet Jones.«

»Danke sehr. Ich bin Harry Couger.«

Der sonnengebräunte Mann war jünger als Harry, vielleicht um die Vierzig. Aber seine kräftige, schlanke Gestalt war die eines Zwanzigjährigen. Harry nahm das angebotene Bier an und setzte sich auf die niedrige Reling. »Ein hübsches Schiffchen haben Sie da. Gehört es Ihnen?«

Prophet Jones nickte. »Die Schatzsuche rentiert sich.«

»Weshalb nennt man Sie ›Prophet‹?«

»Ich sage allerhand voraus, in Wirklichkeit aber mehr wie ein cleverer Geschäftsmann, wie ein echter Prophet. Ich kaufe zur richtigen Zeit und verkaufe zur richtigen Zeit. Das ist auf dieser kleinen Insel nicht sehr schwierig.«

»Was ist Ihr Geheimnis?«

Er lächelte. »Das ist's ja eben – ein Geheimnis.«

»Aber wie haben Sie denn diese Kanone gefunden?«

»Ich habe über dieses Kriegsschiff irgendwo was gelesen und fing zu suchen an. Vielleicht erwartete ich Dublonen oder blutrote Rubine. Ich grub hier und dort ein bißchen und fand nach einigem Suchen dieses alte Kanonenrohr.«

Harry Couger schlürfte an seiner Büchse mit kaltem Bier. Es schmeckte gut, und er fand auch den Mann nett, der es ihm gegeben hatte. Ein Monat allein auf dieser Insel war ganz angenehm gewesen, aber jetzt sehnte er sich nach Gesellschaft.

»Ich bin erst seit ein paar Wochen hier«, sagte er. »Ich würde ganz gern, wenn es Ihnen nichts ausmacht, ein bißchen mit Ihnen herumgondeln und ein wenig von der Insel sehen.« Und rasch fügte er hinzu: »Natürlich gegen Bezahlung.«

Prophet Jones sah ihn mit leicht zusammengekniffenen Augen an. »Kameradschaft kostet auf dieser Insel nichts, Mann. Ich freue mich, Sie an Bord zu haben.« Er streckte ihm die Hand entgegen, und Harry schüttelte sie. Er hatte in diesem Augenblick das Gefühl, am Anfang einer guten Entwicklung zu stehen.

Während der nächsten Tage verbrachte Harry einen großen Teil seiner Zeit auf der Yacht des Propheten. Die Yacht war ursprünglich wohl ein starkes Motorboot gewesen, aber geschickt mit einer Kabine und einer Art Brückenaufbau versehen worden, so daß das Ding jetzt wie eine teure Yacht aussah. Für den Propheten war sie jedoch nur ein Arbeitsschiff. Der Schlepprechen der Winde wurde täglich an verschiedenen Orten in die Tiefe gelassen, um Schätze aufzuspüren.

An den Abenden begleitete Harry den Propheten in die kleinen Strandbars von Morristown, der größten Siedlung auf der Insel. Die beiden tranken und aßen und unterhielten sich mit den Mädchen, die dort arbeiteten. Eines Abends ertappte sich Harry sogar bei dem Wunsch, eines der Mädchen mit nach Hause zu nehmen. Für den Propheten gab es jedoch stets nur neue Pläne, die weit wichtiger als das Vergnügen einer einzigen Nacht waren – einen neuen Schatz zu suchen oder den neuentdeckten Seeweg eines gesunkenen Schiffes einzuzeichnen. Es passierte öfter, daß er Harry in seinem Zimmer über dem Lebensmittelgeschäft anrief und ihn vor der Morgendämmerung aus dem Bett holte, weil er bereits beim ersten Tageslicht auf dem Wasser sein wollte.

»Es gibt da etwas, wovon ich Ihnen noch nichts erzählt habe«, bekannte der Prophet im Laufe der zweiten Woche, die die beiden nun schon beisammen waren. Es war ein ruhiger Tag auf dem Wasser, und sie tranken eben Bier, während das Boot leicht schaukelnd vor Anker lag.

»Was denn?«

»Ein irrer Traum, werden Sie vielleicht sagen. Erinnern Sie sich noch an die Route, die wir gestern gefahren sind?«

»Sicher.« Harry schlürfte sein Bier.

»Gut. Dort, am Ende unserer Fahrt, ging im Juni 1945 ein deutsches Unterseeboot unter – einen Monat nachdem in Europa der Krieg zu Ende war. Ich habe oft darüber nachgedacht, was es wohl hier zu suchen hatte, nachdem der Krieg zu Ende war.«

»Was meinen Sie denn?«

Der Prophet stellte sein Bier ab. »Der Mann, der mir die Geschichte erzählt hat, deutete eine Menge phantastischer Möglichkeiten an. Daß die Nazis vielleicht in den letzten Tagen des Krieges die Atombombe entdeckt und dieses Unterseeboot damit losgeschickt haben könnten, sich und einen Teil Amerikas in die Luft zu sprengen – ähnlich wie die japanischen Kamikaze-Flieger. Verstehen Sie?«

»Aber jetzt träumen Sie wirklich«, antwortete Harry.

»Das vermute ich auch. Aber es gibt auch andere, interessantere Möglichkeiten. So soll zum Beispiel einer der obersten Nazis mit einem Unterseeboot nach Südafrika geflohen sein, das Goldbarren geladen hatte. Wie gefällt Ihnen das?«

Harry zuckte die Achseln. »Haben Sie schon mal versucht, das U-Boot zu finden?«

»Nein. Kostet zuviel an Ausrüstung.« Er trank den Rest seines Bieres und stand auf. »Aber jetzt wieder an die Arbeit. Heute bin ich hinter allem her, was wir von diesem britischen Kriegschiff noch finden können.«

Sie suchten wieder in der teilweise geschützten kleinen Bucht, wo Harry ihn zuerst getroffen hatte. Sie kämmten den Grund mit dem rechenartigen Gerät ab, das der Prophet selbst erfunden hatte. »Ich habe mal was von so einer Vorrichtung gelesen«, sagte er, »die zum Sammeln von Muscheln verwendet wird.«

»Sie lesen aber wirklich eine Menge.«

Er lächelte. »Das ist eben mein Geheimnis.«

Gegen Abend, nachdem sie die Insel zweimal umfahren hatten, legten sie wieder im Hafen von Morristown an. Am

Dock wartete ein Mädchen anfangs der Zwanziger auf sie – eins von den braunhäutigen Mischlingsmädchen, die Harry so gefielen. »Prophet!« rief sie. »Du mußt mir helfen!«

»Was gibt's denn, Carlotta?«

»Das Schiff! Das Schiff aus New York ist heute nicht eingelaufen!«

Der Prophet sah Harry an. »Sie wartet auf das Paket, das sie jeden Monat von ihrem Bruder bekommt.« Dann sagte er zu dem Mädchen. »Hab keine Angst, Süße. Das Auslaufen der *Southern Queen* hat sich wegen eines kurzen Streiks der Schlepperbesatzungen verzögert. Sie wird morgen mittag eintreffen.«

»Danke, Prophet!« rief sie erleichtert und lief glücklich und aufgeregt davon.

Das war das erstemal, daß Harry Zeuge einer Vorführung der prophetischen Kräfte des Mannes wurde. »Woher haben Sie das nur gewußt?«

Der hochgewachsene Mann zuckte mit den Achseln. »Ich habe da so meine Beziehungen.«

»Ich dachte schon, das sei Ihre Freundin.«

»Das war sie einmal, als ich das erstemal hierhergekommen bin. Aber die Dinge ändern sich – und die Menschen.«

»Das haben Sie wie ein echter Prophet gesagt!«

Zwei Tage später hielt sie ein Mann mit einem struppigen Bart auf der Straße an und fragte den Propheten: »Soll ich nun meine Grundstücke in den Keys verkaufen? Sie lassen mir mal wieder keine Ruhe.«

Prophet Jones sah einen Augenblick lang zum Himmel hinauf, als wollte er dessen Bläue befragen. »Die Firma ist an Öl interessiert, das man im Meer vor der Küste zu finden hofft. Sie hat schon mehrere Ufergrundstücke gekauft, deshalb rate ich dir, mindestens hunderttausend zu verlangen. Du wirst sie bekommen.«

»Danke, Prophet! Ich werde an Sie denken, wenn die Sache klappt.«

Er lächelte, als sie den Mann verließen und weitergingen. »Auf dieser Insel gibt es verschiedene Sorten von Menschen. Sogar verkappte Millionäre.«

»Woher wußten Sie von dem Offshore-Öl?«

Prophet Jones lächelte nur und sagte nichts. Harry begann sich jetzt ernsthaft zu fragen, ob er wirklich über irgendwelche übernatürlichen Kräfte verfüge.

Als sie am nächsten Abend zusammen in ihrer Lieblingsbar aßen, bohrte Harry wegen dieser Sache noch mal nach. »Glauben Sie eigentlich an diesen Voodoo-Zauber, wie ihn die Neger auf Haiti haben?«

Jones ließ ein lautes Schnaufen hören. »Genausogut könnte ich an Basiliske glauben!«

»Wieso Basiliske?«

»Kein besonderer Grund, außer daß früher mal Leute an sie glaubten – und sie sogar verfolgt haben, zum Beispiel 1587 in Warschau. Dort waren zwei junge Mädchen getötet worden, was man auf Basiliske zurückführte. Ein Basilisk war eine Art Kreuzung zwischen Hahn und Schlange und konnte mit seinem Blick töten. ›Basilisk‹ war auch der Codename des deutschen Unterseebootes, das ich letzthin erwähnte.«

»Sie scheinen aber auch alles zu wissen.«

Als sie eben dabei waren, ihr Mahl zu beenden, kam ein anderer Eingeborener an ihren Tisch. Man nannte ihn »Snigger«, was soviel wie Lacher oder Grinser bedeutet, und kein Mensch wußte eigentlich, weshalb er diesen Namen hatte. »Prophet«, sagte er, »ich hab da einen Burschen, der eine Taucherausrüstung billig loswerden will. Sind Sie noch immer an diesem Unterseeboot interessiert?«

»Nein, mein Freund. Nicht mehr.«

»Ich finde schon einen anderen Käufer«, sagte Snigger mit nicht besonders glaubhaft wirkender Beiläufigkeit.

»Wen?«

»So'n Burschen in einem Gefängnis auf Cuba. Er hat es mich wissen lassen. Behauptet zu wissen, wo das U-Boot liegt und was drin ist.«

Prophet Jones lächelte. »Von einem Gefängnis in Cuba aus wird er es wohl kaum suchen können.«

Snigger beugte sich ein wenig näher zu Jones vor, dann warf er einen fragenden Blick auf Harry. »Kann man vor ihm sprechen?«

»Unbedenklich.«

»Nun – der Kerl behauptet doch glatt, an Bord des Bootes wären fünf Millionen Dollar in Falschgeld – Blüten, die Hitler während des Krieges drucken ließ.«

»Falschgeld!« schnaufte der Prophet wegwerfend. »Wozu soll denn das gut sein?«

»Aber es sind perfekt gemachte Blüten! Sogar die Regierung hatte große Schwierigkeiten, sie zu erkennen! Die Deutschen haben damit ihre Agenten in Amerika versorgt. Die Bonzen auf dem U-Boot hatten vor, in Argentinien zu leben, sind jedoch hier auf eine Mine gelaufen.«

An dieser Stelle unterbrach Harry. »Ich erinnere mich, etwas über dieses Nazi-Falschgeld gelesen zu haben, Prophet. Man hat erklärt, es sei von ausgezeichneter Qualität.«

»Nach dreißig Jahren muß es ganz schön naß sein, haha.«

»Nein!« warf Snigger rasch ein. »Der Bursche in Cuba sagt, daß es in luftdichten Metall- und Betonbehältern verpackt ist! Es liegt dort unten ganz trocken.«

Prophet ließ einen langen leisen Seufzer hören. »Wieviel soll die Taucherausrüstung kosten?«

»Fünftausend.«

»Ich hab etwas Geld«, sagte Harry, den das Interesse gepackt hatte.

Prophet schüttelte den Kopf. »Nein, nein. Soviel kann ich selbst aufbringen – falls ich mich entschließe, der Sache nachzugehen.«

»Falls? Warum sollten Sie denn nicht?«

»Wir brauchen den Mann aus Cuba – jemand, der genau weiß, wo das U-Boot gesunken ist.«

»Also?«

»Wir können wohl kaum die cubanische Regierung bitten, ihn freizulassen. Das geht bei Castro mit Sicherheit nicht.«

Snigger stand auf. »Ich will da eine Möglichkeit überprüfen. Ich werde auf Sie zurückkommen, Prophet.« Dann war er gegangen.

Prophet Jones brachte das Gespräch jetzt auf seine Pläne für den nächsten Tag. Harrys Gedanken verweilten jedoch weiterhin bei dem, was Snigger ihnen über das gesunkene U-Boot erzählt hatte.

Am nächsten Morgen suchte er das kleine Zimmer auf, das Prophet Jones sein Heim nannte. Der hochgewachsene Mann schien überrascht, ihn an der Tür zu sehen, bat ihn jedoch in seine vollgepfropfte Bude. »Und jetzt werden Sie auch mein Geheimnis erfahren«, sagte er mit einer Spur von Stolz in der Stimme.

Harry ging zu einem Stapel von Zeitungen und sah sie sich an. *The New York Times,* das *Wall Street Journal* und eine ganze Anzahl von anderen. Ein zweiter Stapel bestand aus Wochenmagazinen. »Sie haben sie alle abonniert?« fragte Harry. »Deshalb wußten Sie also Bescheid über den Streik der Schlepperbesatzungen und über die geplanten Ölbohrungen und all das andere!«

Prophet Jones lächelte. »Der Postdienst nach Quinquid funktioniert recht gut. Niemand sonst kümmert sich hier um Nachrichten und Neuigkeiten – außer solchen, die man zufällig im Radio hört. Unter den Blinden ist der Einäugige König.«

»H. G. Wells?«

Prophet Jones lächelte nachsichtig. »Nein, das stammt von Erasmus, sechzehntes Jahrhundert. Meine Meinung ist die, daß auf einer kleinen Insel wie Quinquid ein armer Mann wie ich leicht ein Prophet werden kann, wenn er einfach über die Neuigkeiten aus New York und ein paar anderen Städten im Bilde ist und bleibt. Sogar dieses Inselparadies ist kein abgeschiedener Ort mehr. Früher oder später bekommen auch die Leute hier die Ereignisse in New York und Washington und sogar in London mit und zu spüren.«

Harry setzte sich und zündete sich einen Zigarillo an.

»Ich hab über diese U-Boot-Geschichte nachgedacht. Fünf Millionen Dollar sind eine Menge Geld.«

»Falschgeld, denken Sie daran.«

»Haben Sie schon von Snigger gehört?«

»Der Prophet nickte. »Fünftausend für die Ausrüstung. Soviel habe ich. Aber Snigger hat heute morgen Verbindung mit seinen Kontakten auf Cuba bekommen. Es würde fünfzigtausend amerikanische Dollar kosten, den Mann zu befreien. Das geht über meine finanziellen Kräfte.«

Harry dachte darüber nach. Nach einer Weile des Schweigens sagte er: »Ich habe das Geld.«

»Sie haben es?«

Harry nickte. Er hatte seine Entscheidung getroffen. Fünf Millionen – oder auch nur die Hälfte davon – wären eine Menge Geld.

Die Verhandlungen nahmen den größten Teil der folgenden Woche in Anspruch. Schließlich wurde Snigger der Betrag in bar aus Harrys verstecktem Geldschatz anvertraut. Das Wetter brachte in dieser Woche eine Reihe windstiller und dunstiger Tage, als wollte selbst der Himmel den Ausgang dieses Geschäfts abwarten. Am Samstagabend kam schließlich die Nachricht, daß Snigger den Kontakt hatte herstellen können. Der Mann war aus dem Gefängnis befreit worden und per Schiff auf dem Weg nach Quinquid.

Es war ein kleiner Mann namens José Matto. Er hatte eine blasse Haut und nervöse Hände. Man saß im Hinterzimmer der Lieblingsbar des Propheten an einem Tisch zusammen. »Ich danke Ihnen für meine Befreiung«, sagte er. Sein Englisch war beinahe perfekt. »Aber Sie können nicht erwarten, daß ich Ihnen die Lage des U-Bootes für nichts verrate! Es hat mich wochenlanges Tauchen gekostet, bevor ich es gefunden habe!«

Prophet Jones schlug mit der geballten Faust auf den Tisch. Es war das erste Zeichen von Zorn, das Harry bei diesem Mann bisher gesehen hatte. »Wir haben für dich fünfzigtausend Dollar ausgegeben, um dich aus dem Knast und hierherzuholen, Matto! Bist du uns dafür nicht etwas schuldig?«

Der kleine Mann blickte der Reihe nach Harry, Snigger und den Propheten an. »Ihr seid alle drei beteiligt?«

Der Prophet zeigte auf Snigger. »Ich werde ihn auszahlen. Nur Harry und ich sind Partner.«

»Meinetwegen«, stieß Matto schweratmend hervor. »Dann teilen wir eben in drei Teile. Ich bekomme ein Drittel für die Information über den Ort.«

Es schien Harry, daß sie keine andere Wahl hatten. Er sah den Propheten an, und dieser nickte.

»Einverstanden.«

»Wo liegt das U-Boot?« fragte Harry. »Ist es schwer zu erreichen?«

Matto zuckte die Achseln. »Eigentlich nicht. Nur zwanzig Faden tief. Wenn die See ruhig ist, kann man es beinahe von der Oberfläche aus sehen – wenn man weiß, wo man zu suchen hat.«

»Wir werden morgen beginnen«, entschied der Prophet plötzlich.

»Nicht so überstürzt«, sagte der kleine Mann und spreizte seine nervösen Hände auf der Tischplatte, als wollte er ihr Zittern verbergen. »Ich bin nicht aus dem Gefängnis von Cuba gekommen, um unter den Händen von zwei Piraten zu sterben, die ich vorher noch nie gesehen habe. Ich brauche eine Garantie für meine Sicherheit.«

»Die hast du doch«, sagte der Prophet erstaunt. »Es hat uns fünfzigtausend gekostet, dich hierherzubringen. Das sollte doch Garantie genug sein.«

»Ich brauche mehr«, sagte Matto bestimmt. »Jeder von euch muß fünfundzwanzigtausend als Pfand für meine Sicherheit hinterlegen. Ich werde das Geld verstecken und es euch erst zurückgeben, nachdem das U-Boot gefunden und der Job erledigt ist.«

»Das ist doch verrückt!« schrie der Prophet. »So viel Geld haben wir nicht. Mein letztes ist für Geräte und Taucherausrüstung draufgegangen!«

»Und was ist, wenn es überhaupt kein U-Boot gibt?« fragte Harry.

»Dann bekommt ihr euer Geld zurück. Und einer von euch kann ja immer bei mir bleiben, damit ich nicht mit dem Geld durchgehe. Schließlich sind es nur fünfzigtausend – ein Prozent von fünf Millionen! Aber ihr würdet es euch zweimal überlegen, mich zu töten und alles zu verlieren.«

»Wir haben nicht die Absicht, dich umzubringen«, erklärte der Prophet. »Aber so viel Geld haben wir auch nicht und auch nicht die Möglichkeit, es aufzutreiben.«

Harrys Handflächen begannen feucht zu werden. Er hatte schon fünfzigtausend für das Abenteuer ausgegeben.

»Kein Geld, kein Geschäft«, sagte Matto und wollte aufstehen.

Harry begann rasch im Kopf zu rechnen. Er hatte New York mit 107 000 Dollar verlassen. Dreitausend hatte er für die Reise und die Unterkunft in Quinquid ausgegeben. Weitere fünfzigtausend waren für die Befreiung Mattos draufgegangen. Damit blieben ihm vierundfünfzigtausend. Er räusperte sich. »Wir könnten das Geld unter einer Bedingung aufbringen.«

Prophet Jones sah erstaunt drein. »Wo, zum Teufel, sollen wir denn fünfzigtausend herbekommen?«

»Ich habe sie, aber dann ist Schluß. Es ist alles, was ich habe. Und ich stelle eine Bedingung – nämlich die, daß das dann alles ist, was du bekommst, Matto. Deine Freiheit – und fünfzigtausend. Was im U-Boot ist, wird nur zwischen dem Propheten und mir geteilt.«

Matto schien zu überlegen, ob er mehr verlangen sollte, aber irgend etwas in Harrys Gesichtsausdruck mußte ihm wohl verraten haben, daß er kein besseres Angebot bekommen würde. »Na gut. Aber Handschlag drauf.«

»Und du wirst nicht abhauen?«

»Wie sollte ich denn von der Insel herunterkommen?«

»Wir werden dich trotzdem im Auge behalten«, sagte der Prophet. »Bleib sauber, Bursche!«

Snigger wurde weggeschickt, und die beiden anderen gingen mit Harry nach Hause, wo er die fünfzigtausend aus dem Versteck holte. Er zählte sie auf sein Bett, steckte sie dann in einen festen Umschlag und klebte ihn zu. Diesen Umschlag steckte Matto in eine Reisetasche, die er bei sich trug. Prophet Jones wurde dazu ausersehen, bis zum Morgen bei dem Mann zu bleiben. Dann verließen die beiden sein Zimmer.

»Schlaf gut«, sagte der Prophet zu Harry, als sie gingen. »Morgen geht's auf die Basiliskenjagd!«

Am nächsten Morgen war eine steife Brise aufgekommen, die den Beginn der Bergungsarbeiten zu verzögern drohte. Harry war trotzdem schon früh auf und wartete auf das Eintreffen des Propheten und von Matto.

Nachdem die ausgemachte Zeit um eine halbe Stunde überschritten war, begann Harry unruhig zu werden. Er ging zum Zimmer des Propheten und fand es verlassen. Aus dem Fenster sah Harry auf die Bucht hinunter. Als er entdeckte, daß Prophet Jones' Boot fehlte, hatte er das Gefühl, alles Blut liefe aus seinen Adern.

Dann bemerkte er den Umschlag, der am Zeitungsstapel im Zimmer des Propheten lehnte. Er war an ihn adressiert, und er öffnete ihn.

»Tut mir leid, Freund«, stand auf dem Zettel. »Ich weiß, welche Gefühle dich bewegen, weil mir vor Jahren dasselbe passiert ist. Ich wußte über dein Vermögen aus den Zeitungen und habe dich am ersten Tag erkannt, als du auf die Insel gekommen bist. Snigger und Matto haben mir geholfen, weil sie alte Freunde sind. Es gibt kein U-Boot, so wie es damals auch keinen Basilisken gegeben hat. Als Gegenleistung für deine Hunderttausend darf ich dich bitten, mein Appartement zu übernehmen und alle meine Zeitungs- und Zeitschriftenabonnements. Vielleicht wirst du der neue Prophet von Quinquid, während du darauf wartest, bis der nächste Dummkopf hier eintrifft.«

Prophet Jones hatte sich nicht einmal die Mühe gemacht, zu unterschreiben. Harry las die Nachricht zweimal und knüllte den Zettel dann zu einer Kugel zusammen.

Viel später an jenem Tage ging Harry zur Lieblingsbar des Propheten hinunter und setzte sich an den hinteren Tisch. Lange Zeit saß er nur da und sprach mit niemandem. Schließlich kam das Mädchen Carlotta zu ihm.

»Geht es Ihnen nicht gut?« fragte sie.

»Doch. Möchtest du ein Bier?«

»Ich hab dich bei ihm gesehen. Aber jetzt ist er weg.«

»Ja, er ist weg«, sagte Harry.

»Wie heißt du?«

Er dachte einen Augenblick nach, bevor er antwortete. »Ich denke, du kannst mich von heute an Prophet nennen. Prophet Couger.«

Originaltitel: THE BASILISK HUNT. 1/76

Edward Wellen

Geld wie Heu

Er zückte seine Dienstmarke. Sie nahm die Sicherheitskette ab und ließ ihn eintreten.

»Leutnant Harding vom Betrugsdezernat. Miss Colum?«

Sie nickte und legte den Kopf ein wenig auf die Seite, was die alte Dame noch mehr wie einen kleinen Vogel aussehen ließ. Er sah sich mit einem geübten Blick um und entdeckte natürlich sofort die aufgezogenen Schubladen und den halbgepackten Koffer. Erstaunt hob er die Augenbrauen.

»Sieht so aus, als sei ich eben noch zur rechten Zeit gekommen. Sie haben wohl vor, wegzufahren?«

»Ja, ich hoffe, heute nachmittag abzureisen. Verstehen Sie –«

Sein Stirnrunzeln ließ sie abbrechen. »Ich hatte gehofft, Sie könnten uns behilflich sein«, sagte er mit ernster Miene, die sich jedoch rasch aufhellte. »Nun, es wird nicht lange dauern. Vielleicht können Sie uns doch helfen. Um welche Zeit reisen Sie ab?«

»Ich möchte den Zug um 5.09 Uhr erreichen.«

»Ah. Eine Menge Zeit. Wir brauchen für unsere Sache nicht länger als eine halbe Stunde.«

Sie legte ihren Kopf auf die andere Seite. »Ich verstehe nicht recht, Leutnant. Auf welche Weise soll ich Ihnen denn helfen? Der Polizei?«

»Sie können der Polizei und gleichzeitig sich selbst helfen. Und zwar im Zusammenhang mit den beiden jungen Damen, die Ihnen vor zwei Wochen um achttausend Dollar abgenommen haben.«

Ihre Augen wurden groß. »Aber wie –«

Er lächelte. »Nein, ich war nicht im Dienst, als Sie zu uns kamen und die Sache meldeten. Und ich habe auch den Bericht nicht gelesen. Aber ich kann Ihnen beinahe Wort für Wort sagen, wie er lautet. Sie hatten eben die Bank verlassen, wo Sie eine erhebliche Einzahlung vorgenommen hatten. Eine Fremde, eine attraktiv aussehende junge Dame mit sehr angenehmer Stimme, hat sie auf der Straße angesprochen. Sie entschuldigte sich, daß sie Sie angesprochen habe, aber Sie hätten ein freundliches Gesicht, und sie wäre in diesem Teil der Stadt fremd und hätte ein Problem, mit dem sie nicht fertig würde.« Er machte eine kurze Pause und fuhr fort:

»Sie habe einen Umschlag voll mit Banknoten gefunden und wisse nun nicht, was sie damit tun solle. Die junge Dame hat sich dann kurz umgesehen, Sie ein wenig zur Seite genommen und Sie einen Blick in den Umschlag tun lassen. Sie haben ein Päckchen mit druckfrischen Tausend-Dollar-Scheinen gesehen. Das Mädchen hat Ihnen daraufhin gesagt, es habe das Geld gezählt, und es seien hundertzwanzig Scheine. Einhundertzwanzigtausend Dollar! Mehr Geld, als sie sich jemals hätten vorstellen können.«

Er warf ihr einen leicht vorwurfsvollen Blick zu. »Und jetzt schon hätten Sie Bescheid wissen müssen. Das US-Schatzamt hat die Tausend-Dollar-Scheine aus dem Verkehr gezogen.«

Sie lachte kummervoll. »Leutnant, es tut mir leid, aber ich kenne keine größeren Scheine als Zwanziger.«

Seine Augen blitzten. »Das ist's ja eben, was mich an diesen Parasiten so empört. Sie suchen solche Leute aus, die es am wenigsten verkraften können, Geld zu verlieren.« Er atmete tief ein und ließ die Luft hörbar wieder ausströmen. »Wie dem auch sei, die Frau erzählt Ihnen weiter, daß sie ein zurückgebliebenes Kind oder dergleichen habe, für das sie sorgen müsse, und deshalb das Geld gut gebrauchen könne. Während Sie sich mit ihr unterhalten, kommt ein zweites Mädchen hinzu und schaltet sich in die Unterhaltung ein. Es stellt sich heraus, daß das zweite Mädchen für einen Rechtsanwalt arbeitet. Seinen Rat will sie einholen. Dann führt sie ein Telefongespräch und kommt zurück. Der Rechtsanwalt habe den Standpunkt vertreten, daß die großen Scheine mit ziemlicher Sicherheit darauf schließen ließen, daß es sich bei dem Geld um Bandengeld handle. Die Gauner, die es verloren hätten, würden niemals wagen, den Verlust zu melden. Sie würden auch keinen Anspruch darauf erheben, wenn das Mädchen, das es gefunden hat, das Geld bei der Polizei abgeben würde. Die Gauner hätten in diesem Fall mit großen Schwierigkeiten mit den Steuerbehörden zu rechnen, denen sie die Herkunft des Geldes erklären müßten.

»Also würde das Geld nach sechs Monaten sowieso der Finderin zufallen«, erklärte der Leutnant weiter. »Deshalb hätte es also gar keinen Sinn, es jetzt abzuliefern. Der Rechtsanwalt habe auch den Rat gegeben, daß sie dieses unerwartete Geschenk unter sich, also zu dritt, aufteilen müßten, nachdem alle drei davon wüßten ... Bedingung sei allerdings, daß alle Beteiligten beweisen müßten, daß sie die nächsten sechs Monate von ihrem eigenen Geld leben können; denn so lange dürfte das ›heiße‹ Geld nicht angerührt werden. In der Zwischenzeit wolle der Rechtsanwalt dank seiner Beziehungen das Geld in kleinere Scheine umtauschen, die man dann ohne Verdacht zu erregen bei einer Bank einzahlen könnte.« Der Leutnant machte eine kurze Pause, dann fuhr er fort:

»Beide Mädchen sind übergücklich vor Freude, aber auch Sie natürlich. Denn auch Sie können die vierzigtausend Dollar gut gebrauchen, die Ihr Anteil wären. Die beiden jungen Damen erbringen rasch den Beweis, daß sie von dem, was sie an eigenem Geld haben, sechs Monate leben können. Die eine zeigt einen Scheck von einer Versicherung vor, den sie gerade in der Stadt einlösen wollte, und die andere hat zufällig den Erlös aus einigen Aktienverkäufen bei sich, Papiere, die ihr kürzlich verstorbener Vater hinterlassen hat. Nun sind Sie an der Reihe. Sie gehen in die Bank zurück, heben achttausend Dollar ab und kommen damit heraus, um sie den anderen zu zeigen. Sie sehen sich das Geld an, und wenn es nicht schon in einem Umschlag gesteckt hat, tun sie es für Sie in einen Umschlag und geben Ihnen diesen zurück.

Jetzt gehen Sie zu dritt zum Büro des Rechtsanwalts. Sobald man vor dem Haus, in dem sich die Kanzlei des Rechtsanwalts befindet, angelangt ist, sagt das Mädchen, das für den Rechtsanwalt arbeitet, daß dessen Sozius nichts von der Sache wisse und daß, was der Sozius nicht wisse, ihn auch nicht heiß machen könne und es deshalb besser sei, sie würden eine nach der anderen zu ihrem Chef gehen und nicht alle zusammen, das wäre weniger auffällig.

Dann fährt das erste Mädchen mit dem Aufzug hinauf, etwas später das andere. Schließlich sind Sie an der Reihe. Aber als Sie dann im angegebenen Stockwerk und an der angegebenen Bürotüre ankommen, stellen Sie fest, daß es dort keinen Rechtsanwalt gibt und daß auch niemand jemals von einem gehört hat, den es hier geben solle. Der Mann existiert also gar nicht.«

Wieder eine kurze Pause, dann weiter: »Es wird Ihnen ganz übel. Sie zwingen sich, in den Umschlag zu sehen, in dem Ihr Geld steckt. Sie werden beinahe ohnmächtig. Was Sie befürchtet haben, stimmt; man hat die Umschläge vertauscht. Ihre achttausend Dollar sind weg, und was Sie haben ist wahrscheinlich eine Eindollarnote über einem Packen Spielzeuggeld oder einfach auf entsprechende Größe zurechtgeschnittener Papierstreifen.« Er sah Miss Colum mit einem traurigen Blick an und schüttelte langsam den Kopf. »Und in diesem Augenblick erst kommen Sie zu uns, damit wir versuchen, die Scherben zu kitten.«

Miss Colum schlug die Hände vors Gesicht. »Wenn Sie das jetzt so erzählen, klingt alles verrückt und dumm. Und es ist beinahe unerträglich, daß ich mich mit einem solchen Schwindel habe hereinlegen lassen!« Sie nahm die Hände vom Gesicht und blickte ihn mit eulenhaft großen, ernsten Augen an. »Aber es war einfach so, daß alles so glaubhaft klang, was die zwei Frauen erzählten. Ich schöpfte keinen Verdacht.«

Er lächelte. »O ja, ich weiß ganz genau, wie das ist. Es ist das alte Spiel mit der Vertrauensseligkeit. Die Damen gewannen durch ihr adrettes Aussehen rasch Ihr Vertrauen, und die Aussicht auf das Geld tat ein weiteres. Und diese Leute sind gerieben. Sie sind nicht die erste, die sie hereingelegt haben.« Er seufzte schwer. »Leider muß ich auch sagen, daß Sie nicht die letzte sein werden.« Sein Gesicht bekam plötzlich einen dienstlichen Ausdruck, und seine Stimme klang entschlossen, als er sagte: »Wenn Sie uns nicht helfen.«

»Ich? Was kann ich tun? Ich habe bereits alles getan, was ich tun konnte. Ich habe Ihnen die bestmögliche Beschreibung der beiden Mädchen gegeben.«

Er lächelte, und seine Stimme klang zuversichtlich. Und trotzdem können Sie noch mehr tun als bisher. Wir haben nämlich den Aufenthalt der beiden Mädchen ermittelt, und Sie können sie auf den Fotos identifizieren.« Er zog aus einer Innentasche seiner Jacke zwei Fotos und hielt sie ihr hin, damit sie sie betrachten konnte. »Sind es diese beiden Frauen gewesen?«

Sie sprang vor Erregung hoch, wobei sie auf die Fotos zeigte. »Das sind die zwei! Ja, das sind sie!« rief sie.

Er machte eine Bewegung, um sie zu beruhigen, aber sie

zitterte vor Aufregung.

»Das bringt die Erinnerung zurück. Das Schlimmste dabei war nicht einmal das Geld – obwohl ich mir kaum leisten kann, es zu verlieren. Das Schlimmste war, daß ich mir so dumm vorgekommen bin, so einfältig.« Sie sah bei der Erinnerung an die Sache durch ihn hindurch, als wäre er gar nicht da und als spräche sie zu sich selbst. »Als ich in den Umschlag blickte, mußte ich entdecken, daß die Scheine Juxgeld waren – sie hatten anstelle des üblichen Porträts einen Eselskopf, und er wieherte aus dem grinsenden Maul: ›Geld wie Heu‹. Und da bin ich mir wirklich wie ein richtiger Esel vorgekommen.«

»Nun, Miss Colum, dann haben Sie jetzt eine Chance, es den beiden Betrügerinnen heimzuzahlen. Sie werden uns helfen, diese Leute aus dem Verkehr zu ziehen und dafür Ihr Geld und Ihre Selbstachtung zurückbekommen.«

Ihr Gesicht wurde hart. »Wie?« fragte sie.

»Weil jetzt Sie am Drücker sein werden, Miss Colum. Deshalb.« Er sah sie entschlossen an. »Erinnern Sie sich noch, bei welchem Bankangestellten Sie an jenem Tag Ihre Einzahlung gemacht haben?«

Sie dachte ein wenig nach und nickte dann. »Ja. Er hatte einen kleinen Schnurrbart und langes blondes Haar.«

»Gut. Ausgezeichnet. Wir sind nämlich der Meinung, daß der Angestellte am Schalter und die Mädchen zusammenarbeiten. Er gibt den beiden ein Zeichen, wenn er einen Dummen ausgemacht hat – entschuldigen Sie bitte den Ausdruck, Miss Colum –, wenn er ein mögliches Opfer ausgemacht hat, so wie Sie zum Beispiel. Sie können uns helfen, ihm eine Falle zu stellen.«

Ihr Ausdruck wurde noch eine Nuance härter. »Wie?«

Er lachte. »Ich sehe schon, daß wir Sie jetzt beinahe zurückhalten müssen, so entschlossen scheinen Sie zu sein. Ist natürlich nur ein Scherz, Miss Colum. Wir wollen dieser Bande genauso schnell das Handwerk legen wie Sie. Und jetzt unser Plan: Sie gehen zu Ihrer Bank und an den Schalter des betreffenden Angestellten. Sie heben dort das meiste Ihres noch vorhandenen Geldes in bar ab. Er wird es einige Male zählen müssen, so daß seine Fingerabdrücke auf den Banknoten sein werden. Verlangen Sie auf jeden Fall ganz neue Scheine – damit stellen wir sicher, daß die Abdrücke klar und deutlich sind. Sie werden Handschuhe tragen, genauso ich. Wir werden kein Risiko eingehen.« Er schwieg einen Augenblick, um seine Vorschläge einwirken zu lassen, dann fuhr er fort:

»Ich werde noch einen weiteren Beamten aufstellen, der ebenfalls beobachten wird, wem der Bankangestellte diesmal ein Zeichen gibt. Wir wollen die ganze verkommene Bande kriegen. Aber Sie brauchen sich über diesen Teil der Aktion keine Sorgen zu machen. Ihre Rolle ist damit zu Ende. Ich werde Ihnen Schatzanweisungen der Regierung als vorläufigen Ersatz geben für das Geld, das der Angestellte Ihnen aushändigt. Wir benötigen es als Beweismaterial, aber Sie haben ja keinen Verlust und bekommen Ihr ganzes Geld zurück, sobald wir alle verhaftet haben.«

»Glauben Sie wirklich?«

»Ich will ehrlich zu Ihnen sein – vielleicht haben sie einen Teil des ersten Betrages bereits ausgegeben. Bei denen gilt das Motto: ›Wie gewonnen, so zerronnen.‹ Sie leben gut und brauchen viel Geld. Aber das meiste werden wir sicher zurückerhalten.«

»Gut, wenn ich wenigstens etwas davon wiederbekomme. Sonst hätte ich schließlich alles verloren.«

Er wurde jetzt energisch. »Dann wollen wir also beginnen. Je eher wir anfangen, desto schneller haben wir die Sache hinter uns. Ich werde Sie zur Bank fahren, und dann wird Sie entweder ein anderer Detektiv oder ich selbst wieder hierherbringen, damit Sie fertig packen können. Sie werden ihren Zug noch leicht schaffen.«

Sie sah plötzlich ein wenig verwirrt drein und wies auf ihre Sachen. »Aber ich muß mich noch umziehen und mein Scheckheft heraussuchen.«

»Sicher, das wird ja nur ein paar Minuten dauern.«

Als sie das Zimmer verlassen wollte, um sich umzuziehen, blieb sie stehen und sagte: »Ich muß Ihnen wie eine ganz miserable Gastgeberin vorkommen. Muß mich wirklich schämen. Unsere Eltern haben uns ein besseres Benehmen gelehrt! Und ich habe gar nicht daran gedacht, Ihnen etwas anzubieten. Bitte, setzen Sie sich wieder. Sie werden sicher eine Tasse Kaffee mögen, während ich mich umziehe. Macht es Ihnen etwas aus, wenn es Pulverkaffee ist?«

»Überhaupt nicht.«

Sie brauchte nicht viel mehr als einen Augenblick, bis sie ihm den Kaffee brachte. Er schlürfte davon, schnitt ein Gesicht, als sie das Zimmer verlassen hatte, fand aber keine Stelle, wohin er den Kaffee gießen konnte. Deshalb trank er weiter, weil er sie nicht kränken und dadurch vielleicht Ihre Bereitschaft zur Mitarbeit in Frage stellen wollte.

Viel mehr als nur ein Augenblick verging. Er hob den Arm, um auf die Uhr zu sehen. Die Zeiger rückten unaufhörlich vor. Weshalb brauchte sie nur so lange? Seine Augen begannen sich zu schließen. Er öffnete sie gewaltsam und sah scharf um sich. Aber jetzt wurde sein Kopf so schwer, daß er ihm auf die Brust sank. Sein Herz schlug heftig und hart. Er hatte nicht mehr die Kraft, sich auf die Beine zu stellen. Bis auf seine schweren, glasigen Augen konnte er überhaupt nichts mehr bewegen. Was hatte sie ihm nun in den Kaffee getan?

Als er sich wieder dazu zwingen konnte, die Lider zu heben, stand sie vor ihm und starrte auf ihn hinunter.

»Nun, Leutnant, soll ich Ihnen jetzt mal sagen, wie die Sache läuft? Sie und die Mädchen sind ein Team. Die Mädchen starten zunächst den ersten Angriff auf die Dumme und bringen sie um so viel Geld wie möglich. Nach ein paar Tagen kommen dann Sie auf den Plan und geben vor, ein Beamter vom Betrugsdezernat zu sein.« Sie machte eine kleine Pause, um sich etwas zu beruhigen. Dann fuhr sie fort:

»Sie erzählen der Dummen, daß Sie gegen die Mädchen vorgehen wollen und dazu die Hilfe der Dummen brauchen, besonders um den Komplizen am Bankschalter zu schnappen. Es gibt natürlich gar keinen Komplizen am Bankschalter. Sie wollen nur erreichen, daß die Dumme ihre letzten paar Dollar abhebt und sie Ihnen aushändigt, damit Sie sie gegen Juxgeld vertauschen. Das ist das Comeback, so nennen Sie es doch, nicht wahr? Ich weiß, daß Sie ein Schwindler sind, weil Sie mich für meine Schwester gehalten haben, zu der Sie kommen wollten, die aber mit ihrer Geschichte gar nicht zur Polizei gegangen ist und nichts von ihrem Verlust gemeldet hat.« Die alte Dame machte wieder eine kurze Verschnaufpause und wischte sich verstohlen eine Träne aus dem Auge.

»Und ich fühle mich auch noch zur Hälfte mitschuldig, weil

ich vor ein paar Jahren, als mir etwas Ähnliches passiert ist, mich zu sehr geschämt habe, um ihr zu erzählen, daß ich auf einen solchen Schwindel hereingefallen bin. Es wäre vielleicht ihre Rettung gewesen, wenn sie davon gewußt hätte. Auf alle Fälle hätte sie sich dann nicht gescheut, zur Polizei zu gehen. Sie wollte nicht einmal, daß ich etwas davon erfahre, aber ich habe es herausgefunden, bevor sie gestorben ist. Man hatte mir mitgeteilt, daß sie einen Kollaps gehabt habe, und ich bin hierhergefahren und habe sie besucht. Wir waren nicht mehr lange beisammen. Zu schnell ist sie gestorben. Der Schock, zum Narren gemacht worden zu sein, hat sie getötet. Aber bevor sie verschied, erfuhr ich noch, auf welchen Schwindel sie hereingefallen ist. Jetzt bin ich hier, um ihren Haushalt aufzulösen. Und zur Erledigung dieser Angelegenheiten gehören auch Sie. Entschuldigen Sie mich eine Sekunde.« Sie ging in die Küche und kam mit einem langen Stück Wäscheleine zurück. »Die Polizei – die wirkliche Polizei – hat sicher für alle drei von Ihnen noch ein paar weitere Anklagen, kann ich mir vorstellen. Die Fotos der Mädchen werden ihr dabei helfen, sie zu finden. Ist Ihre Visage schon in der Verbrecherkartei? Werden Sie irgendwo gesucht?«

Sein Blinzeln verriet ihn. Sie nickte befriedigt.

»Dann kommt noch hinzu, daß Sie sich als Polizeileutnant ausgegeben haben. Das wird Ihnen einige Jahre zusätzlich einbringen. Und jetzt will ich sie mal ein wenig festbinden.« Sie hielt die Wäscheleine hoch. »Ich möchte nämlich sichergehen, daß Sie noch hier sind, wenn die Polizei kommt.«

Bevor sie ihn fesselte, prüfte sie mit einem Ruck, ob die Leine auch stark genug war. Und mit einem kleinen, boshaften Lächeln sagte sie: »Die ist bestimmt nicht aus Heu!«

Originaltitel: IT AIN'T HAY. 2/76

Mary Bradford

Eine lästige Person

Everett Willis verließ die Thanksgiving-Party, die in der Buchhaltungsabteilung stattgefunden hatte, bei Einbruch der Abenddämmerung. Er ging durch das Hauptportal aus dem Haus. Es hatte ihm gar nicht gepaßt, teilnehmen zu müssen, aber es wurde die jährliche Lotterie mit allerhand Gewinnen aus dem Glückshafen abgehalten, einschließlich der Verlosung des unvermeidlichen Truthahns, und er mußte den geordneten Ablauf beaufsichtigen. Er hatte versucht, den alten Brauch in diesem Jahr nicht durchzuführen, aber alle hatten protestiert. Jetzt war die Party endlich zu Ende, aber noch lange nicht alles getan.

Eine dünne Schicht von Eisgraupeln lag auf dem großen Parkplatz der Firma, der für dreihundert Wagen ausreichte. Alle anderen Teilnehmer am Fest waren bereits gegangen. Willis war bis zum Ende geblieben, um sicherzustellen, daß niemand das Haus durch die Tür hinter der Xerox-Maschine verließ.

Jetzt wirkte es ein wenig trostlos, seinen Wagen als einzigen und letzten auf dem Parkplatz zu sehen, und fast ein wenig unheimlich, obwohl der Wagen in der Mitte des Platzes stand ... Und doch war ihm in dieser Nacht ein Meisterstreich geglückt. Er lächelte vor sich hin. Und alles war fein säuberlich in die kleine graue Pappschachtel gepackt, die er fest an sich drückte. Sie enthielt das Schwarzgeld für verkaufte Waren, die er unter Fälschung der Inventurlisten verhökert hatte. Die Party hatte ihm die beste Gelegenheit gegeben, sich das Geld, das erst am Nachmittag hereingekommen war, unter den Nagel zu reißen. Jetzt konnte er die Rate für seinen neuen Wagen zahlen und die fast zu einem Berg gewordenen Schuldbeträge bei den Kreditkarteninstituten. Bisher hatte er in jedem Monat nach der Methode »Mach ein Loch zu und ein anderes auf« sich mühsam über Wasser gehalten.

Die Leuchtröhren warfen ihr blasses Licht über den Platz, als er zu seinem Wagen eilte. Er winkte dem Nachtwächter kurz zu, als er an ihm vorüberkam. Der alte Mann hatte seinen Kopf gegen die beißende Kälte dick vermummt. Es würde eine Dreiviertelstunde vergehen, dachte Willis, bis er nach Hause kam, wo seine Frau mit dem Abendessen wartete und sein ältester Sohn ungeduldig auf den Wagen.

Sein Sohn würde bald wegfahren, und seine Frau würde nach dem Abendessen zu ihrer Schwester in die Walnut Lane gehen und dort für ein paar Stunden Babysitter spielen. Seine beiden jüngeren Kinder würden wie gewöhnlich im Wohnzimmer vor dem Fernseher sitzen. Dann konnte er dss Geld in dem Schrank über seiner Werkbank im Keller verstecken.

Er öffnete die Tür des Wagens auf der Fahrerseite und legte die Schachtel behutsam auf den Rücksitz. Als er eben hinter das Lenkrad gleiten wollte, bemerkte er eine vollschlanke, große Frau, die auf dem Beifahrersitz mehr lag als saß. Erschreckt sprang er aus dem Wagen.

»Um Himmels willen, wer sind denn Sie? Was wollen Sie hier?«

Die Vollschlanke setzte sich mit einiger Mühe einigermaßen aufrecht. Sie hatte zotteliges, ungekämmtes schwarzes Haar und trug einen grünen Hosenanzug aus Perlon, der aus allen Nähten zu platzen drohte. Darüber trug sie eine grüne Parka mit einer Kapuze, deren zerzauster Pelz ihr Gesicht umrahmte. Sie war ziemlich betrunken. »Sie werden mich jetzt hinbringen, wohin ich will, oder ich schreie. Ich werde laut losschreien, daß Everett Willis mich auf dem Parkplatz belästigt hat und gleich wird der Wächter gelaufen kommen.«

»Wer, zum Teufel, sind Sie denn?« wollte er wissen und stieg wieder in den Wagen, um dem Schnee- und Graupeltreiben und dem eisigen Wind zu entkommen.

»Wer bin ich? Wirklich eine gute Frage. Wer bin ich?« Sie sah Willis an, der vor der Schnapsfahne zurückwich. »Ich weiß nicht, wer ich bin. Aber ich weiß, wo ich hin will. Mr. Boyd von der Marketingabteilung hat mich in Ihren Wagen gesetzt. Er hat gesagt, Sie wären ein feiner Kerl und würden schon dafür sorgen, daß ich nach Hause käme. Aber das war gar nicht nett von ihm«, brachte sie beinahe heulend heraus. »Er hätte mich selbst heimbringen müssen, ja, das hätte er tun müssen. Sie bringen mich jetzt zum Haus von Mr. Boyd, und dann werden wir ihm Bescheid stoßen, aber gehörig. Sie und ich, wir beide.«

Willis fluchte lautlos – Stan Boyd, der Büroclown. Diesmal würde er es diesem Boyd besorgen, und wenn es seine letzte Tat sein sollte. Mein Gott, dachte er, ausgerechnet in dieser Nacht mußte so etwas passieren. Er hatte doch die Pappschachtel dabei. Die mußte er nach Hause schaffen. Und jetzt hatte dieser Witzbold Boyd ihm das eingebrockt.

»Warum hat Sie denn niemand nach Hause gebracht? Was ist passiert?«

»Wir hatten im Gebäude A auch eine Party. Wir warteten auf die Lotterie und haben ein paar Runden getrunken. Sie wissen ja, wie es bei diesen Partys zugeht. Am Ende begann auch die Lotterie. Und wissen Sie, ich habe noch niemals in meinem Leben etwas gewonnen, nicht einmal als Kind, und wissen Sie was, Mr. Willis von der Buchhaltung? Ja, ich kenne Sie. Ich habe die Hauszeitung sehr aufmerksam gelesen, sehr aufmerksam. Sie überwachen den Versand, Sie sind Coach einer kleinen Baseballmannschaft, Sie sind beim Kegelklub der Abteilung und Sie sind Lehrer an der Sonntagsschule. Sie haben eine Frau und drei Kinder – eins, zwei, drei–, und Sie sind seit zehn Jahren in der Firma – eins, zwei, drei, vier . . .«

Willis platzte der Kragen. »Okay, Sie wissen alles über mich. Und was wissen Sie über sich? Ich kann mich nicht erinnern, Sie schon mal irgendwo im Haus gesehen zu haben, Miss oder Missis? Wie heißen Sie, und warum hat sie dieser Clown, dieser Boyd, in mein Auto gesetzt?«

»Ich hab's Ihnen doch schon gesagt. Ich hab noch nie in meinem Leben etwas gewonnen, und wissen Sie was? Ich mußte diesmal ausgerechnet einen Truthahn gewinnen! Und was, zum Teufel, soll ich jetzt mit einem tiefgefrorenen Truthahn von zwanzig Pfund Gewicht anfangen! Ich lebe allein. Ich brauche keine zwanzig Pfund Truthahn. Ich brauche . . .«

Sie warf den Kopf zurück und lachte ordinär. »Wissen Sie, ich hab den Truthahn oben auf dem Aktenschrank liegen gelassen. Und das glauben Sie doch auch, Mr. Willis von der Buchhaltung, daß der Truthahn nach den drei Feiertagen, die jetzt anfangen, ein wenig überreif sein wird, wenn die Leute wieder ins Büro kommen? So, und jetzt fahren wir zu ihm.

Wir fahren zu Mister Boyd von Marketing. Los, fahren wir schon. Ich brauche keinen zwanzigpfündigen Truthahn, ich brauche ... Wenn Sie mich nicht fahren, schreie ich. Wollen Sie mal hören, wie ich schreien kann? Ich schreie wirklich gut und laut. Hab 'ne Menge Praxis.«

Willis setzte sich im Sitz zurück und rieb sich das Gesicht mit den Händen. Ihm war auf einmal heiß, und seine Kehle war trocken. Der Graupelschauer wurde stärker, und die Windschutzscheibe vereiste mehr und mehr. Er startete den Motor, um die Heizung in Gang zu setzen.

»Kein Taxi«, sagte sie. »Gehen Sie ja nicht zurück ins Haus und rufen Sie mir ein Taxi. Bringen Sie mich zu Boyd, sonst schreie ich!«

»Ich weiß doch nicht, wo dieser Trottel wohnt, und außerdem werde ich um sechs Uhr zu Hause erwartet!«

»Ich weiß, wo er wohnt. In Lakewood, Ecke Mulberry und Vine.«

Im Wagen war es drückend heiß. Der Alkoholdunst und der Gestank ihres billigen Parfüms betäubten ihn fast. Großer Gott, was kann ich nur tun, dachte er. Ich könnte sie zum Nachtwächter bringen, aber ich möchte nicht, daß sich die Sache herumspricht. Nein, ich muß das selbst erledigen. Ich bin der älteste Angestellte hier. Die Verantwortung liegt bei mir. Wenn ich sie zu den Boyds bringe, gibt's Ärger in der Familie. Seine Frau und meine sind gute Freundinnen. »Hören Sie, ich werde Sie zu den Boyds bringen. Aber Sie bleiben im Wagen. Ich werde mit ihm reden. Haben Sie das begriffen?«

»Ja, los schon, fahren wir zu den Boyds.« Auf ihrem Gesicht erschien jetzt ein selbstzufriedenes Lächeln, und sie rutschte wieder tiefer in ihren Sitz. Willis öffnete das Fenster auf seiner Seite. Die kalte Luft tat ihm gut und war auch für seine trockene Kehle eine Wohltat. »Und denken Sie daran: Sie bleiben im Wagen«, befahl er nochmals.

Sie sah ihn durch halbgeschlossene Lider an.

»Sie sollen wissen, Mister Willis von der Buchhaltung, daß man mich niemals für eine Karrierefrau gehalten hat. Ich war ganz gern eine einfältige Hausfrau. Aber jetzt sehen Sie eine emanzipierte Frau vor sich, Mister Willis. Ich muß der Bewegung für die Befreiung der Frauen sehr dankbar sein.

Mein Mann hat mir die Freiheit gegeben. Er wollte meiner Emanzipierung nicht im Wege stehen. Dieser Boyd ist auch so ein halber Kerl. Er hatte kein Recht, mich in Ihren Wagen zu setzen. Ich dachte, er würde mich mit nach Hause nehmen. Ich glaube, ich war ein bißchen betütert und bin gegen den Aktenschrank geplumpst und auf den Boden gerutscht. So hat er mich wohl gefunden, als er die Räume abschloß. Er hat hundsgemein geflucht. Er hat mich aufgehoben und mit hinausgenommen, und ich dachte, jetzt nimmt er mich mit nach Hause. Aber statt dessen setzte er mich in Ihren Wagen und fuhr mit seinem davon. War das vielleicht recht von ihm, wie?«

Willis fuhr durch die Straßen von Lakewood im nordwestlichen Teil des Wohnviertels. Schließlich kam er an die Ecke von Mulberry und Vine. Es war dies ein Gebiet von weiträumigen, hübschen Einfamilienhäusern. Das Haus der Boyds war ein zweistöckiges Ziegelgebäude mit grünen Fensterläden und einer Doppelgarage. Es war sehr hübsch und machte einen gepflegten Eindruck. Willis stieg aus dem Wagen. Es fiel jetzt ein eisiger Schneeregen, so daß er vorsichtig den mit Platten belegten Weg zum Haus gehen mußte. Die Frau blieb im Wagen sitzen.

Boyds Frau kam an die Tür und lud ihn ein, hereinzukommen.

»Nein«, sagte Willis bestimmt. »Ich wäre dankbar, wenn Steve herauskäme. Ich habe etwas mit ihm zu besprechen.«

Boyd war nicht zu Hause. Willis fluchte lautlos. Was tu ich jetzt nur mit diesem Weib, überlegte er wütend, während er zum Wagen zurückging.

»Was jetzt?« fragte er seine ungebetene Begleiterin. »Er ist nicht zu Hause. Hören Sie mal, wer immer Sie sind: Die ganze Geschichte ist nicht mein Fehler, ich habe nichts damit zu tun. Ich sollte jetzt bereits zu Hause sein, statt dessen fahre ich mit einer . . . ich werde Sie in Ihre Wohnung oder sonstwo hinbringen. Wohnen Sie in einem Apartment? Haben Sie Freunde, zu denen Sie gehen könnten?«

Sie sank noch weiter in ihrem Sitz zusammen. »Mich friert allmählich. Halten wir doch bei Marty an, dort kriegen wir einen guten Kaffee.«

Das Restaurant war leer bis auf zwei Gäste, die auf

Hockern an der Theke saßen. Eine junge Bedienung wischte in aller Gemütsruhe die Tische in den Nischen sauber. Willis führte die Frau in eine Nische, wo sie sich in die hinterste Ecke quetschte. Sie schien jetzt etwas leichter zu behandeln zu sein, anscheinend ließ die Wirkung des Alkohols nach. Das wenigstens hoffte Willis inbrünstig.

Die Bedienung brachte ihnen zwei Tassen mit heißem schwarzem Kaffee. Die Frau schlürfte den Kaffee langsam, sehr zur Erleichterung von Willis.

»Hören Sie mal«, sagte er nach einer Weile, »ich muß zu Hause anrufen. Ich bin sofort wieder hier.« Die Telefonzelle war im vorderen Teil des Lokals. Von dort aus sah er, wie die Frau zur Damentoilette ging. Er stellte die Schachtel mit dem Geld neben das Telefon.

Seine Frau war außer sich vor Zorn. »Wo bist du? Was ist los?« Dann jedoch hörte sie aufmerksam und geduldig zu, wie er es von ihr gewöhnt war. Er erklärte ihr alles, was passiert war, langsam und genau. Sie zeigte Verständnis, war jedoch besorgt.

Als er aus der Telefonzelle zurückkam, saß die Frau wieder in der Nische. Sie hatte sich erstaunlich gut erholt und kam ihm jetzt viel jünger vor. Ihr Haar war gekämmt, ihr Gesicht frisch gerichtet, und der dunkelgrüne Schal war ordentlich um ihren Hals geschlungen.

Sie zündete sich eine Zigarette an und sah Willis ruhig an. »Ich spiele eine Betrunkene doch ziemlich überzeugend, nicht wahr? Hatte auch genug Übung. Ich kann auch eine Handelsvertreterin spielen, eine Schwiegermutter, die auf ihre Kinder wartet, die jeden Augenblick kommen müssen und eine neue Angestellte in der Buchhaltungsabteilung einer großen Firma. Ich bin eine von den zwölf Frauen, die eine Lizenz als Privatdetektiv besitzen. Ich bin fünfundfünfzig Jahre alt, Großmutter, und es ist durchaus kein Nachteil in diesem Geschäft, eine alte Dame zu sein.«

Willis' Gesicht war kreidebleich geworden.

»Es geht um die Schachtel, die Sie bei sich haben, Willis. Wenn darin das Geld für die Maschinen und Ersatzteile ist, die Sie und Ihre Helfer unter der Hand verkauft haben, werden Sie das Mr. Boyd und einem anderen Herrn der Firma erklären müssen. Die beiden betreten eben dieses Lokal.«

Ihr Gesicht war ruhig und ernst – und ein kleines Lächeln stand darauf. Jetzt sah sie genauso aus wie die Frau, die sie wirklich war – die liebe, gute Oma von irgendwelchen Enkeln.

Originaltitel: OFFICE PARTY. 7/76

Pauline C. Smith

Ihr Sohn

Der bärtige junge Mann ging langsam am Haus vorüber. Er hatte das Gefühl, alles gut zu kennen – das Haus und das Grundstück, das ihm so oft beschrieben worden war: Der gepflegte Rasen, die Eichen, das große Haus ... du kommst in eine große Halle, auf der einen Seite das Eßzimmer, auf der anderen Wohnzimmer und Bibliothek ... eine breite Treppe. Die Frau? Die Mutter? Würdig, leise Stimme, ganz versponnen in die Erinnerung an ihren Sohn.

Der junge Mann mit dem Bart und den Augen eines Knaben kehrte um und ging den langen Zufahrtsweg hinauf, änderte dann offensichtlich seine Absicht und eilte wieder hinunter. Rasch verließ er die ruhige Allee und ging zu seinem Motel ein paar Querstraßen entfernt.

Als er in seinem Zimmer ankam, schwitzte er. Er zog Jacke und Hemd aus und warf sich auf das Bett. Es wäre ihm viel lieber gewesen, das nicht durchführen zu müssen, wozu man ihn ausgebildet hatte.

Er lag da und hörte den Geräuschen des Nachmittagsverkehrs zu, wobei er Pläne schmiedete ... er wäre am liebsten irgendwohin gegangen, weg von hier. Aber wohin? Einen Job annehmen. Aber was für einen? Untertauchen ... das wäre einfach. Er war ja beinahe schon verlassen und verloren.

Er lauschte auf die Geräusche, die von draußen kamen: leise fahrende Wagen, die Menschen nach Hause zu anderen Menschen brachten. Er drehte sich im Bett um und vergrub sein bärtiges Gesicht im Kopfkissen wie ein Kind, ein ausgesetztes Kind. Er spürte mehr als er sah, wie die Scheinwerfer der Autos eingeschaltet wurden, und erinnerte sich an Eudies Worte: »Die Dämmerung ist sehr kurz. Die Sonne geht unter, und mit einem Schlag ist es dunkel.« Er drehte sich wieder auf den Rücken und beobachtete die unruhigen Lichter der Stadt.

Die Frau ging durchs Haus und schaltete die Beleuchtung ein. Sie haßte diese Tageszeit, weil sie immer noch die Worte ihres kleinen Jungen zu dieser Stunde im Ohr hatte, die Unterhaltung zwischen Einbruch der Dunkelheit und dem Abendessen. Mutter und Sohn waren dann ganz allein beisammen – ihre schönste Zeit. Fünfzehn Jahre! Er würde jetzt ein erwachsener Mann sein. Aber das hielt sie nicht davon ab, jeden Abend, wenn es dunkel wurde, auf die helle, glückliche Stimme ihres Kindes zu warten. Sie hatte versucht, sich diese unsinnige Gewohnheit abzugewöhnen, auf seine Stimme zu warten und in jedes Auto zu sehen, in dem ein kleiner Junge mitfuhr, jeden Sechsjährigen hoffnungsvoll anzustarren, den sie sah – innerlich erstarrt seit jenem Jahr 1960, als man ihr ihren kleinen Sohn weggenommen hatte.

Der junge Mann schwang seine Beine über die Bettkante, langte nach der Nachttischlampe und knipste das Licht an. Sein Kummer war, daß er einfach nicht plötzlich in eine Rolle schlüpfen konnte, wie Eudie und Win ihn angewiesen hatten ... Hör doch zu, wir werden es noch mal wiederholen. Du gehst zum Eingang und nennst ihr das Stichwort, und wenn du hineinkommst ...

Was ist, wenn sie mich nicht hineinläßt?

Sie wird dich hineinlassen. Du weißt doch, daß sie immer noch Suchanzeigen aufgibt. Kannst du dir das vorstellen?

Ich weiß es nicht. Ich möchte eigentlich gar nicht ...

Wir tun es für dich. Nicht für uns, für dich, um dir eine schöne Zukunft zu sichern. Wir sind Verlierer. Wenn du bei uns bleibst, wirst du auch ein Verlierer sein. Wir tun es nur für dich.

Der junge Mann fuhr sich mit den Fingern durch sein langes, wirres Haar und wünschte sich, daß er jemand anderer wäre und an einem weit entfernten, anderen Ort. Dann lachte er plötzlich auf, jedoch ohne Fröhlichkeit, eher gequält und verwirrt. Er war ja doch ein anderer!

Er beugte sich nach vorn und zog seine Brieftasche aus der Gesäßtasche. Es war nicht viel Geld drin, aber das war schließlich nie anders gewesen. Das ist deine letzte Chance – die einzige Chance. Im silbernen Amulett standen ein Name, eine Adresse und eine Telefonnummer. Sie wohnt immer noch dort. Wir haben das überprüft. Die Telefonnummer steht nicht im Fernsprechbuch, könnte inzwischen geändert worden sein, wahrscheinlich jedoch nicht – wenn du es über das Telefon probieren willst. Das Amulett ist auf jeden Fall der eindeutige Beweis.

Der junge Mann hob den Hörer ab und wählte im Schein der Nachttischlampe die Nummer. »Mrs. Worthington?« fragte er.

»Was hat er gesagt? Warum sehen Sie denn plötzlich so seltsam aus?« Hallie faßte sie fest an den Schultern und schüttelte sie. »Mrs. Worthington!«

Diese hob den Blick und ließ ihre Hand schlaff von dem bereits aufgelegten Hörer gleiten. »Er hat gesagt, er ist mein Sohn.«

»Wenn schon, wenn schon. Wie sollte das nach so vielen Jahren möglich sein? Wahrscheinlich hat er eine der Anzeigen gelesen, die Sie noch immer überall aufgeben ...« Hallie nickte heftig und mit besorgter Ungeduld. »Nur so kann es sein. In diesen Anzeigen haben Sie doch alle Daten angegeben. Das Jahr, den Namen ...«

»Aber nicht wo ich wohne.«

»Das konnte er herausfinden«, meinte Hallie. »Ist doch schließlich keine Kunst, herauszubekommen, wo Sie wohnen. Wirklich keine Kunst.«

»Aber es ist eine Kunst, meine Telefonnummer zu erfahren.«

»Oh, ich weiß nicht, Mrs. Worthington. Ich bin der Meinung, daß es Wege gibt Geheimnummern festzustellen. Diese gerissenen Burschen – die kennen solche Methoden. Und jetzt kommen Sie doch bitte herein und essen Sie Ihr Abendessen. Ich habe alles hergerichtet. Eine zarte Hammelkeule, einen pikanten Salat ... was haben Sie übrigens zu diesem Mann gesagt?«

»Ich sagte, er solle hierherkommen, damit ich mit ihm sprechen könne.«

»Hierher? In dieses Haus? Wann?«

»Jetzt gleich«, antwortete Mrs. Worthington. »So rasch er kommen kann.«

»Oh, mein Gott! Hören Sie, Mrs. Worthington, es wird wohl das beste sein, Sie essen jetzt Ihr Abendbrot, und ich rufe die Polizei an.«

»Nein.« Mrs. Worthington fielen die früheren, wirklich nur

als unzulänglich zu bezeichnenden Versuche der Polizei ein ... wir werden alles tun, was wir können ... auch der Vater ihres Kindes hatte an einen Erfolg der Polizei geglaubt, ebenso wie sie damals. Aber es war eben nicht genug, die Hügel abzusuchen und Streifenwagen durch die Gegend zu schicken. Na schön denn, hatte der Vater gesagt, nachdem sich niemand meldete, der ein Lösegeld verlangte, jetzt werden wir die Sache in allen Zeitungen veröffentlichen und über den Rundfunk bringen und eine Belohnung aussetzen. Das brachte wieder Bewegung in die Angelegenheit, die Polizei bemühte sich nochmals, die üblichen unbrauchbaren, teilweise schwachsinnigen Hinweise kamen von Irren und Geldgierigen. Aber bald schon war das vermißte Kind keine Neuigkeit mehr, und die Polizei hatte sich mit aktuelleren Fällen zu beschäftigen.

»Keine Polizei«, erklärte Mrs. Worthington.

»Aber es ist gefährlich«, stieß Hallie ängstlich hervor.

»Vielleicht. Vielleicht ist es das wirklich. Aber wie dem auch sei, der Junge sagt, er ist mein Sohn, und deshalb werde ich ihn in mein Haus bitten und festzustellen versuchen, ob er tatsächlich mein Sohn ist. Ohne Polizei.«

Hallie preßte ihre Hände ineinander.

Mrs. Worthington stand müde auf. »Hallie, bitte räumen Sie den Tisch ab.« Dann meinte sie noch: »Heute haben Sie doch Ihren Bingo-Abend. Sie gehen selbstverständlich hin.«

»Und ich soll Sie hier, mit der Himmel weiß wem, allein lassen? Ausgeschlossen, ausgeschlossen.« Sie lief aus dem Zimmer. Mrs. Worthington dagegen ging mit vorsichtigen Schritten auf die nach vorn hinausgehenden Fenster zu – mit so langsamen und bedachten Schritten, als wate sie durch Wasser.

Sie versuchte sich das Telefongespräch wieder ins Gedächtnis zurückzurufen. Was hatte er genau gesagt, und wie hatte seine Stimme geklungen? Sie versuchte Klangfarbe und Modulation zu erkennen ... obwohl sie sich darüber klar war, daß man wohl kaum die Stimme eines einundzwanzigjährigen jungen Mannes mit der eines sechsjährigen Kindes vergleichen konnte. Wenn es ihr Sohn war – müßte da ihr nicht ein Gefühl, ja ein Wissen, die Intuition einer Frau und Mutter, Sicherheit geben, völlige Klarheit, ohne auch nur den Schatten eines Zweifels?

Er ist tot, hatte sein Vater mit absoluter Sicherheit behauptet, nachdem das Kind ein Jahr verschwunden war. Wir müssen dieser Tatsache ins Gesicht sehen. Er ist tot, sonst hätten wir von ihm gehört. Er zog alle Belohnungen zurück, die ausgesetzt waren, strich alle Fernseh- und Radiodurchsagen und alle Suchanzeigen. Wir werden unser Leben fortsetzen und uns mit dem Verlust abfinden müssen ... für ihn leicht, der mit seinem Beruf sehr beschäftigt war.

Zwischen den Vorhängen am Fenster stehend, beobachtete sie wie aus den Kulissen einer Bühne heraus die Annäherung des jungen Mannes, der möglicherweise ihr Sohn war. Zuerst sah sie ihn einen Augenblick lang unter der hellen Straßenlaterne, die auf sein langes Haar schien, dann in schräger Verzerrung unter dem Licht der Torleuchten am Ende der Zufahrt. Sie folgte mit dem Blick seinem langbeinigen Schatten, als er auf das Haus zueilte. Wie zur Beruhigung lag bei diesem aufmerksamen Beobachten ihre Hand am Hals.

Die Türglocke läutete. Aber Hallie verlor das Rennen zum Eingang. »Ich gehe schon!« rief Mrs. Worthington und ging vom Wohnzimmer direkt in die Diele und zur Tür.

Hallie zog sich an die Wand zurück, wo sie mit den Händen auf dem Rücken angespannt und aufmerksam stehenblieb. Mrs. Worthington öffnete und sah vor sich, im Licht der Terrasse stehend, einen Fremden. Er ist zu groß, dachte sie sofort, als sie zu ihm aufsah – weder in meiner Familie noch in der meines Mannes hat es je hochgewachsene Männer gegeben.

»Mrs. Worthington?« fragte er.

Sie bat ihn herein, führte in ins Wohnzimmer und bot ihm einen Sessel an, in dem er im hellen Lichtkreis einer Lampe saß. Sie setzte sich verhältnismäßig weit entfernt in die Mitte einer großen Couch, als brauche sie den Abstand, um atmen und denken zu können. Hallie, die Hände immer noch auf dem Rücken, stand an der Wand wie ein Wachtposten.

»Okay«, schrieb später der junge Mann in seinem Motelzimmer. »Der Anfang ist gemacht. Ich war dort, bin ins Haus gelassen worden und habe mit ihr gesprochen. Ich weiß nicht, was sie denkt oder glaubt. Es hat sie erschüttert, als ich ihr das Amulett gezeigt habe; sie bleib jedoch kühl. Sie sah es an, als frage sie sich, aus welchem Rinnstein ich es aufgelesen oder welcher Leiche ich es abgenommen hätte. Nicht einmal berührt hat sie es. Sie bat mich, sie wieder zu besuchen, wenn ich es wünsche. Genauso hat sie sich ausgedrückt: wenn ich es wünsche. Ich werde Euch mitteilen, wie sich mein Schauspiel- und Sprechunterricht bewähren. Ich hoffe nur, daß ich alles richtig mache.« Der junge Mann unterschrieb mit »Sohn« und adressierte den Brief an »E. & W. Blank«, postlagernd in einem Vorortbezirk von New York.

Hallie war jetzt seit elf Jahren bei Mrs. Worthington ... »Sie braucht jemanden, der hier wohnt«, hatte die damalige Haushälterin erklärt, als sie die Stellung aufgab und Hallie alles zeigte und sie in ihre Aufgaben einwies. »Nachdem Mr. Worthington von uns gegangen ist, ist seine Frau ganz allein in dem großen Haus. Er ist ganz plötzlich einem Herzanfall erlegen. Er war Fernsehproduzent. Die arbeiten alle viel zuviel und machen sich kaputt, wenn Sie verstehen, was ich damit meine. Er hat unter der Entführung nicht so schwer gelitten wie Mrs. Worthington – aber das ist wohl bei Männern so. Einer Mutter geht so etwas immer viel näher ... das weiß ich ganz sicher. Bin selbst Mutter. Haben Sie auch Kinder?« fragte sie Hallie. Hallie schüttelte den Kopf.

»Na, ich weiß ja nicht, was ich tun würde, wenn eins von meinen Kindern entführt würde, aber das wird nicht passieren – vielleicht einer der Vorteile, wenn man arm ist, denke ich. Es ist nie eine Lösegeldforderung gekommen, komisch. Nicht eine einzige, kein Anruf, rein gar nichts ... ich muß es Ihnen erzählen, das ganze Haus war voll Polizei und FBI-Leuten. Vielleicht war das der Grund – vielleicht haben die Kidnapper gewußt, daß sie keine Chance hatten, und haben das Kind umgebracht.« Sie machte eine Verschnaufpause und fuhr dann fort: »Jedenfalls hat Mr. Worthington das angenommen. Aber Mrs. Worthington hat noch immer Hoffnung – na ja –, und das nach vier Jahren! Die arme Frau. Da hat sie zuerst ihr Kind verloren und dann ihren Mann! Ein Wunder, daß sie noch bei Verstand geblieben ist. Auf jeden Fall werden Sie sie gerne leiden mögen, sie ist nett – ein bißchen verrückt zwar, aber ich meine, das wären wir schließlich alle, wenn uns so was passieren würde. Die Arbeit ist leicht, sie gibt keine Gesellschaften mehr, und Ihre Zimmer sind hübsch – hier, neben der Küche, ein Schlafzimmer, ein kleines Wohnzimmer und ein eigenes Bad. Wenn Sie die Ruhe ertragen können, wird es Ihnen hier sicher gefallen.«

Hallie war die Ruhe nur allzu willkommen. Sie bewunderte das kleine Apartment, das sie bewohnen durfte, hielt das Haus blitzsauber, kochte ausgezeichnet und wäre bereit gewesen, für Mrs. Worthington durchs Feuer zu gehen.

Sie schloß hinter dem jungen Mann, der sich selbst Mrs. Worthingtons Sohn genannt hatte, die Tür, trat an ein Seitenfenster und beobachtete, wie er die Dunkelheit des Auffahrtsweges betrat, zwischen den Eingangslampen wieder auftauchte, und wie sein Schatten auf den Gehweg fiel, wie er einen Augenblick lang im hellen Licht der Straßenlaterne zu sehen war und dann in der Dunkelheit der Nacht verschwand. Sie überprüfte, ob die Eingangstür auch wirklich abgeschlossen war, obwohl sie es genau wußte. Dann stand sie in der Tür des Wohnzimmers, um festzustellen, wie Mrs. Worthington auf die Begegnung reagierte.

Mrs. Worthington saß noch immer genau in der Mitte der Couch, hatte die Hände im Schoß gefaltet und starrte auf den jetzt leeren Sessel, in dem ihr Besucher gesessen hatte. »Sie können ruhig weglegen, was immer Sie hinter Ihrem Rücken verbergen, Hallie«, sagte sie, ohne ihre Haushälterin anzusehen. »Er ist nicht gefährlich, oder war es jedenfalls nicht, gleichgültig, wer er ist oder sein könnte.«

»Ja, gnädige Frau«, sagte Hallie, trug das Messer in die Küche und legte es in die Schublade.

Christopher Robert Worthington jr., sechs Jahre alt, war an einem Nachmittag im August 1960 entführt worden. Der Vater, C. R. Worthington, war, als es passierte, natürlich im Fernsehstudio, wo er die meiste Zeit verbrachte. Seine Mutter, Berenice Worthington, besuchte eben eine Auktion (sie sammelte Porzellan). Der Gärtner mähte den Rasen vor dem Haus und sah überhaupt nichts ... »Ich war den ganzen Nachmittag über vor dem Haus«, erklärte er glaubhaft. »Es ist kein Wagen vorgefahren. Ich hätte ihn bestimmt gesehen.

Niemand ist den Zufahrtsweg zu Fuß heraufgegangen. Auch draußen hat niemand einen Wagen geparkt.«

Die Haushälterin, Geraldine Pease, die nur während des Tages im Haus war – sie schlief außerhalb – und im übrigen schon seit langem, schon vor der Geburt des Kindes, bei den Worthingtons beschäftigt, begann in der Küche das Abendessen herzurichten. »Er ist in sein Spielhaus gegangen«, sagte sie. »Ich habe ihm ein paar Kekse gegeben. Er sagte, daß er mit den Tieren, von denen ihm seine Mutter immer vorlas, eine Teeparty feiern würde. Ich habe ihn hineingehen sehen, und das war's . . .« Sie brach in Tränen aus.

Das Spielhaus, sehr hübsch und sinnvoll gebaut, lag nicht mehr als fünfzig Meter von den Küchenfenstern entfernt. Und der mit Büschen bewachsene Graben, den das Kind nicht betreten durfte, führte nochmals fünfzig Meter weiter hinter dem Spielhaus an der Grundstücksgrenze zum Nachbaranwesen entlang.

Eine Stunde nachdem Christopher Robin, wie ihn seine Mutter nannte, das Spielhaus betreten hatte, fuhr Mrs. Worthington ihren Cadillac in die Garage und kam in die Küche. Geraldine, die eben einen Braten in den Ofen schob, sagte, Christy – so nannten sie den Jungen – sei in seinem Spielhaus.

Der Gärtner schob den Rasenmäher in den Schuppen und schloß die Tür. Das Kind war weg.

Man suchte im Spielhaus, im Haupthaus und sah auf dem ganzen Grundstück nach. C. R. Worthington kam nach Hause. Als er die Nachricht hörte, meinte er, Chris – so nannte er ihn – wäre herumspaziert, hätte sich verlaufen, wäre wahrscheinlich irgendeinem Tier nachgelaufen, einem Kaninchen oder einem Eichkätzchen. Vielleicht im Graben. Also suchte man dort. Worthington und der Gärtner gingen durch den Graben und suchten Busch für Busch ab, während Mrs. Worthington und Geraldine vom Grabenrand her nach dem Jungen riefen. Die Sonne ging eben unter. Sie schien jedoch noch hell und rot, klar und leuchtend. Es war rasch festgestellt, daß in dem Graben und in den Büschen kein kleiner Junge verborgen war.

Am nächsten Tag wurde die Polizei verständigt, eine Woche später das FBI eingeschaltet. Jede Person, die jemals im Worthington-Haushalt gearbeitet hatte, wurde überprüft.

Jede Person, die im Studio von Mr. Worthington gearbeitet hatte, wurde überprüft. Das heißt, jede Person, die aufgefunden und aufgespürt werden konnte. Wenn es schon nicht einfach ist, ehemalige Hausangestellte wiederzufinden – so ist es nahezu unmöglich, die Spuren von Schauspielern zu verfolgen, die sowieso in einem Phantasieland leben und ihre Namen mit jeder neuen Hoffnung auf ein neues Glück ändern.

C. R. Worthington war sicher, daß Chris tot sei, und nach einem Jahr wurden alle ausgesetzten Belohnungen, die Anzeigen in den Zeitungen, die Radiosuchmeldungen zurückgezogen, die Privatdetektive abbestellt. Mrs. Worthington konnte jetzt die Jagd nach ihrem Sohn nur fortsetzen, indem sie nach jedem siebenjährigen Jungen sah, den sie auf der Straße erblickte.

Später, als C. R. bei der Arbeit einem Herzanfall erlag und sie ganz allein zurückließ, überzeugte Geraldine Pease sie, daß sie jemanden für ständig im Haus haben mußte, eine im Haus wohnende Haushälterin. Damals kam Hallie zu ihr. Hallie, die Freundin und Bewacherin, hielt es für eine sinnvolle Therapie, daß Mrs. Worthington ihre Suche nach dem verlorenen Kind wieder aufnahm und Anzeigen aufgab ... in wehmütigem Stil wurden die Locken, die braunen Augen und das leichte Lispeln eines Kindes beschrieben, das am 16. August 1960 zum letzten Male gesehen worden war. Das gab ihr etwas zu tun, hielt Christopher Robin in ihrer Hoffnung am Leben, und das war das Wichtigste.

Mrs. Worthington hatte das ehemalige Arbeitszimmer ihres Mannes in ein Archiv für Akten über die Entführung verwandelt – ein vierteiliger Stahlschrank enthielt die Ordner mit den Kopien der Anzeigen, der Bekanntgaben über die Belohnungen und die falschen Hinweise über den Verbleib des Jungen, die im Laufe der Zeit hereingekommen waren. In einem anderen wurden in sauber beschriebenen Aktendeckeln die Dossiers der früheren Haus-, Garten- und Studioangestellten aufbewahrt, einige davon hatten verschiedene Tätigkeiten ausgeführt. An einem jener Tage, an denen sie sich zum Sprechen aufgelegt fühlte, erklärte sie Hallie alles:

»Setzen Sie sich, Hallie.« Also setzte sich Hallie in den Armsessel an der Seite des Schreibtisches, während ihr Mrs. Worthington von ihrem Ledersessel aus erzählte, wie die

Sache vor sich gegangen war – all das Durcheinander, die echten und falschen Hinweise, das Verlorengehen der Spur des Ehepaares, das sie damals verdächtigt hatte, ja noch immer verdächtigte, das jedoch nicht gefunden werden konnte.

Der Mann, ein Möchtegern-Drehbuchautor, verrichtete gelegentlich kleine Dienste für die Worthingtons. Einfache Reparaturarbeiten, zusätzliche Gartenarbeiten und ein wenig Schreinerarbeit, wenn sie gebraucht wurde. Seine Frau, eine mittelmäßige Schauspielerin mit wenig Talent, half Mrs. Pease manchmal bei der Vorbereitung von Partys ... »Und diese beiden haben Christopher Robin weggeholt«, erklärte Mrs. Worthington mit Sicherheit.

Es war dies ein vernünftiger Verdacht, aber eben nur das, dachte Hallie und die Polizei. Man hatte die beiden genau überprüft – Winfield Warren und Eudora Eustace (ihre Künstlernamen). Von Winfield war kein Foto im Ordner, von Eudora jedoch war eines vorhanden. Es war eine Studioaufnahme – ein ganz hübsches Mädchen mit einem nicht sehr ausdrucksvollen Gesicht. Die beiden waren sehr schwer zu verfolgen, da sie häufig die Wohnungen und Namen wechselten. Sie besaßen nichts außer ihrer Garderobe und einem Kind – wenigstens hieß es, daß ein Kind im Hintergrund sei –, aber diejenigen, die sich schwach erinnerten, waren unsicher, was das Alter anging ... ein Junge, vielleicht etwa acht Jahre, neun oder zehn ... tatsächlich wußte niemand etwas wirklich Konkretes oder erinnerte sich mit Bestimmtheit an etwas.

»Wenn es da ein Kind gibt«, so folgerte die Polizei, »würden diese Leute kaum ein anderes entführen ...« Aber Mrs. Worthington schloß aus dieser Tatsache lediglich, daß die beiden leichter in der Lage wären, ein Kind wegzulocken, wenn sie ein eigenes hatten. Und beide waren mit Haus und Grundstück vertraut. Der sich damals Winfield nennende Mann hatte im Spielhaus Reparaturen durchgeführt ... die sich Eudora nennende Frau hatte Christopher Robin fürs Zubettgehen gerichtet, wenn Mrs. Worthington sich an Partyabenden um die Einzelheiten kümmern mußte ... Es war richtig, daß die beiden nicht regelmäßig im Hause Worthington waren, aber sie kannten ihren Sohn, die Bücher, aus denen sie ihm vorlas, die Spiele, die sie miteinander spielten – aber es waren eben nur die beiden Namen auf einer Liste von vielen. Namen, nichts als Namen, aber keine Spur, nur ein gefühlsmäßiges Wissen.

Mrs. Worthington, die Nachforscherin, war erst Wochen nach dem Verschwinden ihres Sohnes zu ihrem unumstößlichen Schluß gekommen . . . obwohl dieser Winfield und diese Eudora mindestens drei Monate vor der Entführung ihres Sohnes von der Bildfläche verschwunden waren. Aber Mrs. Worthington war ganz sicher, wie nur eine Mutter sicher sein kann, die ständig über dieser Frage brütet, an nichts anderes denkt und ihr Kind kennt. Sie war davon überzeugt, daß ein gehorsamer Junge nur durch einen Trick dazu gebracht worden sein konnte, das verbotene Gebiet des Grabens zu betreten. Es mußten Leute mit Phantasie gewesen sein – ein Schriftsteller und eine Schauspielerin, die selbst Eltern waren, konnten ihn durch ein Spiel oder ein Buch so weit bringen. Sie mußten mit seinen Gewohnheiten vertraut sein, mußten wissen, daß Christopher Robert mit seinem Äffchen Eeyore und dem Stoffbären Winnie-The-Pooh lebte und spielte.

»Sehen Sie den Zusammenhang, fällt Ihnen der ähnliche Klang der Namen auf?« rief Mrs. Worthington und beugte sich dabei nach vorn. »Winfield war Winnie-The-Pooh, der Bär, und Eudora war Eeyore, das Äffchen. Sie hatten sich diese Namen zugelegt, und wer weiß, wie oft sie während dieser drei Monate Christopher Robert in seinem Spielhaus besucht haben und durch den Graben geschlichen sind, bis sie ihn so weit gebracht hatten, daß er mit ihnen ging. Wahrscheinlich hatten sie Honig für den Bären und eine Banane für das Äffchen versprochen – Sie kennen ja die Geschichte!«

Hallie kannte sie zwar nicht, aber sie hörte zu.

»Er kam in die Küche, um Kekse für seine Tiere zu holen. Eine Teeparty. Für einen lebenden Bären und ein lebendes Äffchen, die ihn zu einem Wagen führten, der auf der anderen Seite des Grabens geparkt war und mit dem er in den Tod fuhr.«

Hallie, die diesen Erklärungen nicht folgen konnte, nickte mitfühlend. Genausowenig hatte die Polizei vor fünfzehn Jahren folgen können und mitfühlend genickt, während sie ihre Nachforschungen durchführten. C. R., der Vater, war weniger untröstlich als vielmehr zornig darüber, daß seine

Frau, Mutter seines Sohnes, sich und ihren Sohn in eine Phantasiewelt entrückt hatte, mit der sie eine stümperhafte Entführung (es war nie Geld verlangt worden) zu erklären versuchte. Mrs. Worthington hatte Hallie während ihrer elfjährigen Dienstzeit auch Zutritt zum Spielhaus gewährt, diesem eleganten kleinen Haus, mit dem Stoffbären und dem Spielzeugäffchen, die am Teetisch saßen ...

Warum, so fragte sich Hallie, war nie ein Brief mit der Lösegeldforderung gekommen, wenn es eine exakt geplante und gut durchgeführte Entführung gewesen war? Warum eine Entführung ohne Profit? Damals erfuhr sie von den Allergien des Kindes ... »Man war eben dabei, festzustellen, auf was oder welche Dinge er allergisch reagierte.« Und Hallie sah sich auch den Inhalator in dem im ersten Stock des Hauses gelegenen Kinderzimmer an, das so belassen worden war, wie es der Sechsjährige damals verlassen hatte. Federn verursachten eine Allergie, hatte man entdeckt. Also wurden die Kissen seines Bettes mit Kapok gefüllt, das er vertrug. Auch Katzenfell, bestimmte Nahrungsmittel, zum Beispiel Schellfisch und Schokolade, vertrug das Kind nicht. Die Untersuchungen waren noch nicht abgeschlossen, so daß alles mögliche in dem Wagen, den Eeyore und Winnie-The-Pooh fuhren, einen Anfall verursacht haben konnte. Dieser konnte ohne den Inhalator tödlich ausgehen, besonders dann, wenn noch Angst hinzukam ... also war das Kind gestorben, und die Kidnapper gerieten in Panik. Sie vergruben die Leiche und gaben den Plan auf. So sah Mrs. Worthington die Dinge. Allerdings erklärte dies die Suchanzeigen nicht, die Mrs. Worthington nach einem seit fünfzehn Jahren toten Kind aufgab, wenn nicht doch irgendwo im tiefsten Innern noch eine Hoffnungsfunken schimmern würde.

Der junge Mann ließ zwei Tage verstreichen, bevor er wieder anrief und die Erlaubnis zu einem Besuch erbat. Während dieser zwei Tage verbrachte Mrs. Worthington viel Zeit in ihrem Archiv. Sie hatte die Akte Winfield Warren/Eudora Eustace vor sich liegen und studierte außerdem das Album mit den Kinderbildern ihres Sohnes, die von der Geburt bis zum Alter von sechs Jahren aufgenommen worden waren.

»Es war doch das Amulett?« fragte Hallie. »Das echte

Amulett, dasjenige, von dem Sie mir immer erzählt haben?«

»Ja«, sagte Mrs. Worthington und dachte daran, wie der junge Mann die kleine silberne Scheibe in den Händen gehalten und die Kette durch die Finger hatte gleiten lassen. Die feinen Kettenglieder hatten wie silberne Tränen ausgesehen. Sie hatte sich nach vorn gebeugt, um den Namen zu lesen: Christopher Robert Worthington jr., die Adresse und Telefonnummer. Es fiel ihr noch ganz deutlich seine Befangenheit ein, als sie es für ihn hatte machen lassen. Die Privatschule hatte es für alle Schüler verlangt. Mrs. Worthington hatte es ihm liebevoll um den Hals gelegt. Es störte ihn nicht mehr, als er entdeckte, daß seine Schulkameraden, alles Kinder wohlhabender Eltern, auch solche Namensschilder trugen. »Wo haben Sie es her?« hatte sie den jungen Mann gefragt, ohne es zu berühren. Er hatte es in seine Hüfttasche gesteckt und gesagt, er hätte es immer gehabt. Es sei immer bei seinen Sachen gewesen, als er von Ort zu Ort weitergereicht worden sei.

»Erscheint mir nicht besonders glaubhaft«, bemerkte Hallie. »In Instituten und, wenn wahr ist, was er sagt, in Pflegeheimen, hätte sich doch jemand dieses Amulett ansehen und etwas unternehmen müssen.«

»Vielleicht nahm man an, er hätte es gefunden.«

»Und vielleicht hat er es auch nur gefunden.«

»Könnte sein.«

Hallie mochte den jungen Mann nicht. In ihren Augen war er ein Betrüger. Sie lehnte seinen Besuch ab, lehnte das Amulett als Beweis ab, das er trug . . . »Er ist hochgewachsen, und Sie sagen, alle Mitglieder Ihrer Familie und der Ihres Mannes seien klein bis höchstens mittelgroß.«

»Die Statistiken zeigen, daß diese Generation größer ist als die früheren«, erwiderte Mrs. Worthington.

»Seine Augen sind dunkelbraun«, gab Hallie zu bedenken. »Die Ihres Sohnes waren hellbraun. Sie haben das doch gesagt. Auch in Ihren Anzeigen haben Sie so geschrieben.«

»Helle, haselnußbraune Augen haben grüne Tupfen«, erklärte Mrs. Worthington. »Sie werden manchmal dunkler, wenn die Person älter wird, genauso, wie auch das Haar nachdunkelt. Helle Locken«, zitierte sie aus ihren früheren Anzeigen, »werden im Laufe der Jahre dunkel, und die Locken vergehen . . .« Sie erinnerte sich genau, wie die Augen des jungen Mannes aus seinem dunkelhaarigen, bärtigen Gesicht wie Brombeeren herausgestochen hatten, als er sagte, er wisse nicht, warum er das Amulett habe oder woher es stamme.

»Nun gut«, hatte Mrs. Worthington ihn gefragt, »was hat Sie zu dem Entschluß gebracht, der Sache jetzt nachzugehen, jetzt, wo Sie . . . wie alt sind Sie?«

Er hatte die Achseln gezuckt. Das wüßte er ebenfalls nicht. Wie könnte er auch, wo er doch nichts über sich wisse? Er nehme an, etwa einundzwanzig – die Leute hätten ihn im Laufe der Jahre auf unterschiedliche Alter geschätzt. Und deshalb, weil er wahrscheinlich einundzwanzig sei und damit doch wohl alt genug, um neugierig zu sein, wer er eigentlich sei, war er eben mal per Anhalter von New York hierher gefahren. Er wollte sehen, ob es die Adresse gäbe, die Telefonnummer und ob der Christopher auf dem Amulett vielleicht mit dem Chris identisch sei, den er verkörperte und wie man ihn immer gerufen hatte . . . Die Brombeeraugen hatten sie plötzlich sehr ehrlich angeblickt. Mrs. Worthington hatte vor sich hingemurmelt, daß er älter als einundzwanzig aussehe, eher wie dreiundzwanzig oder vierundzwanzig, vielleicht sogar fünfundzwanzig. Aber heutzutage, hatte sie hinzugefügt, sähen Jungen wie alte Männer aus, weil sie Bärte trugen.

Der junge Mann schrieb täglich an das New Yorker Postamt. Erst in seinem sechsten Brief sprach er von einem Fortschritt und teilte vorsichtig mit, daß die Briefe für eine Weile ausbleiben würden, bis er wisse, wie er es anstellen könne, weiterhin Briefe zu schreiben und aufzugeben. »Also«, schrieb er, »ich glaube, ich hab's geschafft, wie Ihr das gewollt habt. Ich werde von jetzt ab dort wohnen. Sie hat mich darum gebeten. Ich fühle mich schuldig in der Erinnerung und dem Wissen, was in jener Nacht im Auto passiert ist. Gut, ich habe eingesehen, daß es nicht Euer Fehler war – dieses schreckliche Ereignis –, daß mit dem Kind irgend etwas nicht in Ordnung war. Und ich weiß auch, daß Ihr beiden Euch für Verlierer haltet und daß auch ich einer sein werde, wenn es mir nicht gelingt, diese einmalige Chance zu nützen – diese verrückte Chance, für die Ihr so lange gearbeitet habt, damit ich etwas daraus machen kann. Das schöne Leben, von dem Ihr sagt, daß Ihr es Euch immer gewünscht und nicht gefunden habt. Eudie, dein Schauspielunterricht hat sich ausgezahlt, und Win, der Dialog, den wir gepaukt haben, scheint richtig angekommen zu sein. Es könnte also sein, daß Ihr letztlich doch keine Verlierer seid, zumindest was die Zukunft angeht, die Ihr Eurem Sohn ermöglicht habt.«

»Sie wollen sagen, daß er hierher kommen und hier wohnen wird?« fragte Hallie wie betäubt. »Hier, als Ihr Sohn?«

»Genau hier, Hallie. Er besitzt das Amulett. Er ist nach seiner Aussage im richtigen Alter, mit einem Haar, das dunkler und weniger gewellt ist, und mit Augen, die sich von Hellbraun in Dunkelbraun verändert haben. Und mit jener Art von Das-habe-ich-schon-gesehen-Erinnerung, die nur im Geist eines Menschen erwachen kann, der als Kind an einem bestimmten Ort gelebt hat – hier an diesem.«

»Oder«, sagte Hallie außer sich, »jene Art von Erinnerung – wie sagt man doch? – die eingespeist ist wie die Daten in einem Computer.«

Mrs. Worthington sah sie erstaunt an. »Auch das wäre möglich.«

»Nur weil er sich an das Zimmer oben erinnerte, das Zimmer Ihres Kindes, sich daran erinnerte, wo es liegt. Daß er sich daran erinnerte, daß Ihr Mann ihn Chris nannte und Mrs. Peas Christie ... ganz allmählich ... als käme die Erinnerung zurück.«

»Oder vielleicht, daß die Erinnerung durch Gedankenverbindungen zurückkehrt, ein Eindruck zieht den nächsten nach sich.«

»Aber er hat sich daran erinnert, wie Sie ihn nannten, erst im Spielhaus.«

»Das Spielhaus ist ihm ganz von selbst eingefallen.«

»Wenn das nicht auch eine angelernte Erinnerung war – programmiert, das ist das Wort –, wenn es nicht in sein Computergehirn einprogrammiert worden ist.«

»Sie könnten recht haben, Hallie.«

Also war sich Hallie nicht im klaren darüber, ob Mrs. Worthington diesen Hochstapler für ihren Sohn hielt oder für einen Betrüger.

»... Ein Spielhaus. Ich erinnere mich an ein Spielhaus«,

hatte der Junge beim sechsten Besuch gesagt und plötzlich mit den Fingern geschnalzt. »Es kommt mir so vor, als erinnerte ich mich an ein Spielhaus. Gibt es eins?« Sie hatte ihn in den Innenhof geführt, dann durch den Garten zum Spielhaus. Sie hatte die Tür aufgeschlossen, und was dann passierte, hätte genauso in einem Drehbuch stehen können, gut einstudiert, jedoch mit einem ziemlich banalen Dialog. Er trat ein, blieb plötzlich stehen, schaffte es, seinem Gesicht den Ausdruck starren Erschreckens zu geben, dann die Erinnerung, als er den Stoffbären in einem Kindersessel sah und das Äffchen in einem anderen. »Winnie-The-Pooh«, hatte er theatralisch ausgerufen, »und Eeyore ...« Da hatte Mrs. Worthington Bescheid gewußt.

»Und wer sind Sie?« hatte sie gefragt.

»Ich«, hatte er geantwortet, »bin Christopher Robin.«

»Wie erklären Sie das?« fragte Mrs. Worthington Hallie. »Programmiert«, antwortete diese. »Alles ist bei ihm programmiert.«

»Von wem?« wollte Mrs. Worthington wissen.

»Sie wissen schon, von wem. Von diesen beiden. Von den beiden, von denen Sie mir immer wieder erzählt haben. Die mit den Namen ...« Denn jetzt glaubte sie an Mrs. Worthingtons Theorie – jetzt ergab sie einen Sinn. Was keinen Sinn hatte, war allerdings, diesen Judas als Sohn des Hauses aufzunehmen.

Das Spielhaus hatte zwei Räume, einen, in dem die Spielzeuge, der Tisch und die Kindersessel untergebracht waren, der andere mit einem Kinderbett für ein kurzes Nickerchen und einer Kinderbibliothek, die die A. A. Milne-Ausgaben enthielt, einschließlich *Winnie-The-Pooh, The World of Christopher Robin, House at Pooh Corner* ... die ganze Reihe.

»Das ist Ihre Unterkunft«, sagte Mrs. Worthington zu dem jungen Mann. »Ich werde ein Erwachsenenbett hereinstellen lassen ... Sie werden natürlich auch im Haupthaus wohnen und dort Ihre Mahlzeiten mit mir einnehmen, aber bitte betrachten Sie dies hier als Ihren persönlichen Zufluchtsort. Hier ist der Schlüssel.«

»Sie bieten ihm doch wirklich die Gelegenheit, alles auszuplündern«, sagte Hallie scharf.

Mrs. Worthington lachte – das erstemal, daß Hallie sie lachen hörte. »Was kann er denn aus dem Spielhaus schon stehlen«, fragte sie, »außer einem Leben?« Sie streckte ihre Hand aus. »Ich habe auch einen Schlüssel . . .« Aber was meinte sie damit? Hallie schüttelte den Kopf, paßte auf und horchte. Schließlich kam sie zu dem Schluß, daß dieser junge Mann – ob falsch oder echt – für Mrs. Worthington ein Segen war. Er gab ihr Auftrieb, einen Lebensinhalt. Sie nannte ihn Christopher Robin und duzte ihn seit dem Besuch im Spielhaus. Nur während der Zeit, in der er sich ins Spielhaus zurückzog, ließ sie ihn aus den Augen.

Das Spielhaus wurde sein Privatquartier. »Wir werden die Vergangenheit mit der Zukunft vereinen«, erklärte Mrs. Worthington, als sie das Kinderbett und die kapokgefüllten Kissen auf dem Dachboden des Hauses einlagerte, um ein Erwachsenenbett mit richtigen großen Federkissen in den Raum zu stellen. Sie legte die Kinderbücher in das unterste Regal und brachte aus ihrer eigenen, reichhaltigen Bibliothek im Haupthaus Erwachsenenbücher, – Belletristik und Sachliteratur –, mit denen sie die oberen Regale füllte.

»Wir werden die verlorenen fünfzehn Jahre aufholen«, sagte sie mit Begeisterung und schob die Spielsachen, den kleinen Teetisch, Eeyore und Winnie-The-Pooh zur Seite, um für einen Schreibtischstuhl und einen Schreibtisch Platz zu schaffen. Sie stattete ihn mit Schreibpapier, Umschlägen, Briefmarken, Kugelschreibern und Bleistiften aus . . . Sie versuchte mit Eifer die Unterschiede zu überwinden, die zwischen ihrem verlorenen Kind und diesem Mann bestanden, der sich als ihr Kind identifiziert hatte. Sie fuhr ihn in der Gegend spazieren, die Christopher Robin gekannt hatte, zeigte ihm den Park mit dem Karussell, die Privatschule, jetzt um zwei neue Gebäude erweitert, und das medizinische Zentrum, wo – so sagte sie – früher der Kinderarzt praktiziert hatte, den er so oft aufgesucht hatte. Sie berührte ihn nie, bot ihm niemals Zärtlichkeiten an, aber sie überschüttete ihn mit Geschenken, um, wie sie sagte, auszugleichen, was er hätte haben müssen und entbehrt hatte.

Sie kaufte ihm eine vollständige Garderobe, versprach ihm Fahrschulunterricht – als er bedauerte, keinen Führerschein zu haben – und sogar einen eigenen Wagen, wenn er den

Führerschein hatte. Sie gab und versprach alles – außer Geld. Auch lud sie niemals Freunde ein, um ihnen ihren lange verlorenen Sohn vorzustellen. »Ich bin egoistisch«, sagte sie. »Wir müssen eine Menge von Jahren nachholen, bis ich dich mit anderen teile.« Aber sie holte diese Jahre nicht nach, indem sie ihm Fragen stellte oder Zutritt zu ihrem Archiv und den Akten gewährte, die bis zu seiner Ankunft ihr Leben gewesen waren. Sie besprach mit ihm seine zukünftige Erziehung und versprach, ihn auf die Universität zu schicken ... »wenn die Zeit gekommen ist.«

Seit Hallie bei Mrs. Worthington wohnte und für sie arbeitete, hatte sie die Küche geführt. »Sie bestellen die Lebensmittel und bereiten das Essen zu«, hatte Mrs. Worthington gesagt. Und so war es gewesen, ohne vorherige Absprache und ohne Anweisungen, bis der junge Mann, dieser sogenannte Christopher Robin, kam. Jetzt stellte Mrs. Worthington die Mahlzeiten selbst zusammen. »Wir wollen gedünstete Muscheln machen«, schlug sie vor, »und zum Nachtisch ein Schokolade-Soufflé.« Oder Krabben mit Spargel und Buttersauce, oder Seezungenfilets, oder Hummer Newburg mit Schokoladenkuchen oder einer Schokoladenrolle als Nachtisch.

Als dieser sogenannte Christopher Robin, ohne Beschwerden zu bekommen, Schellfisch aß und Schokolade, versuchte Hallie darauf hinzuweisen, daß das Kind diese Speisen nicht vertragen hatte. »Ich dachte, Mrs. Worthington, Ihr ...«, begann sie.

»Er muß seine Allergien überwunden haben«, unterbrach Mrs. Worthington sie, »alle, einschließlich der gegen Federn« und fügte hinzu: »Das kommt manchmal vor, Hallie. Es steht uns nicht zu, zu fragen, sondern nur zu beweisen. Ich glaube, ich werde ihm eine Katze besorgen.«

Der junge Mann verbrachte die meisten Stunden des Tages bei Mrs. Worthington – er aß an ihrem Tisch, saß mit ihr im Wohnzimmer, fuhr mit ihr im Wagen spazieren ... Jedesmal jedoch, wenn die Abenddämmerung hereinbrach und Mrs. Worthington durchs Haus ging, die Lichter einschaltete und die Vorhänge zuzog, fühlte sie den Verlust und die Leere der Zeit zwischen Einbruch der Dunkelheit und dem Abendessen.

Es fehlten ihr die Laute ihres kleinen Jungen, obwohl ihr der junge Mann folgte und ihr nahe war.

Jeden Abend um zehn Uhr verließ er das Haupthaus und ging zum Spielhaus hinüber – das wurde zum Ritual. »Gute Nacht, Christopher Robin«, sagte sie dann, und er antwortete respektvoll, ging durch die Hintertür hinaus und schloß das Spielhaus auf. Mrs. Worthington saß im Dunkeln und beobachtete durch das große vordere Fenster das Grundstück vor dem Haus, wie es still und einsam dalag. Sie wartete so lange, bis sie ihn endlich durch den Schatten der Auffahrt huschen sah, hinter dem gedämpften Schein der Torleuchten vorbei – einen Augenblick lang hell von der Straßenlaterne beleuchtet –, bis er für eine Weile verschwand, für ein paar Minuten nur, lange genug jedoch, stellte Mrs. Worthington nach der Uhr fest, um zum Postkasten an der Ecke und zurück zu kommen. Das wurde ebenfalls eine Gewohnheit – diese Regelmäßigkeit, mit der Mrs. Worthington an zwei Abenden der Woche beobachtete, wie der junge Mann wegging und zurückkehrte.

»Liebe E. und W.«, schrieb der Junge, »ich fühle mich wie ein Eindringling. Sie ist so sicher, daß ich ihr Junge bin, und sie ist eine so wundervolle Frau ...« Seine Briefe, die er zweimal die Woche an das bewußte Postamt in New York schickte, waren nicht lange, sondern in der Art von Berichten verfaßt. Wenn auch Unsicherheit aus ihnen sprach, so war ihnen doch die Freude an dem bequemen Leben zu entnehmen, das er früher nie gekannt hatte, und er schrieb davon mit einem Gefühl der Schuld und Unwürdigkeit.

Er schrieb von seinen Tagen und Abenden, von Versprechungen, die ihm gemacht wurden und über seine zu erwartende strahlende Zukunft ... »für die ich Euch danke ...«

»Ich habe die Möglichkeit, mich völlig zurückzuziehen«, schrieb der Junge. »Das Spielhaus gehört mir allein. Sie hat es neu möbliert. Hallie, die Haushälterin, bittet mich am Montag und Freitag, es aufzuschließen, damit sie saubermachen und die Bettwäsche wechseln kann. Wenn sie dann fertig ist, bittet sie mich wieder, es abzuschließen ...«

»Weshalb«, fragte Hallie Mrs. Worthington, »muß ich ihn denn an den Putztagen bitten, das Haus aufzuschließen?«

»Damit er das Gefühl hat, daß es ihm gehört, ihm ganz allein.«

»Aber Sie haben doch einen Schlüssel. Weshalb nehmen Sie ihn nicht und sehen sich selbst alle Veränderungen an?« Hallie war seit elf Jahren Kameradin gewesen und nicht nur Haushälterin und empfand es als unwürdig, von diesem Eindringling den Schlüssel erbitten zu müssen, um das Haus auf- und zuzuschließen, das ihm gar nicht gehörte.

»Er weiß nicht, daß ich einen Schlüssel habe«, antwortete Mrs. Worthington. »Es wäre mir lieber, wenn er es nicht erführe ... und Hallie«, fügte Mrs. Worthington hinzu, »während Sie im Spielhaus sind, bitte überprüfen Sie doch den Schreibtisch.«

»Den Schreibtisch?«

»Ich habe Schreibpapier, Umschläge und Briefmarken hineingelegt – einen Bogen Briefmarken, fünfzig Stück.«

»Der Schreibtisch ist immer leer, Mrs. Worthington. Nur die Schreibunterlage, Kugelschreiber und Bleistifte sind da. Sonst nichts.«

»Dann suchen Sie. Sehen Sie in die Fächer, machen Sie die Schubladen auf. Wenn Sie irgendwo einen mit einer Adresse beschriebenen Umschlag sehen, sagen Sie mir den Absender, und an wen er adressiert ist – oder einen Brief oder einen auch nur angefangenen Brief ...«

»Jawohl, Mrs. Worthington«, antwortete Hallie, die nie eine Schnüfflerin gewesen und auch nie gebeten worden war, zu spionieren. Jetzt jedoch schnüffelte sie mit großer Neugierde und berichtete, unbeschriebene Umschläge und Briefmarken in einer Schublade gefunden zu haben. Das Blatt mit den Marken war zusammengefaltet und zwischen die Umschläge gelegt.

»Wieviel Marken sind noch vorhanden, Hallie?« fragte Mrs. Worthington.

»Zweiundvierzig.«

Mrs. Worthington zählte nach, wie oft sie den Schatten auf dem Weg zum Haus gesehen hatte – vier Sonntagabende und vier Mittwochabende kamen heraus in den sechs Wochen, seit der junge Mann bei ihr wohnte und im Spielhaus schlief. Sie nickte und schien zufrieden.

Hallie verstand Mrs. Worthington und ihr unentschlossenes

Verhalten gegenüber diesem dunkeläugigen Mann nicht mehr, der dankbar zu sein schien, beinahe unterwürfig, als stünde ihm das alles nicht zu, dessen er sich auch bewußt wäre. Weshalb erlaubte Mrs. Worthington, die so überaus vorsichtig und genau war bei ihren Nachforschungen im Laufe der vergangenen Jahre, die so sorgfältig alle Nachrichten geordnet hatte – weshalb gestand sie diesem Eindringling die Vorteile und den Namen ihres Sohnes zu, ohne die Fingerabdrücke überprüfen zu lassen? Die Fingerabdrücke würden zeigen – müßten beweisen ... also warum nicht? Weshalb prüfte sie ihn mit Federkissen, Schellfisch und Schokolade, wollte aber nicht erkennen, wie sehr er sich von ihrem Kind unterschied? Wollte sie ihn wirklich hier behalten? Und jetzt die Katze. Die Katze war das Äußerste, das Letzte, das Finale, dachte Hallie, als Mrs. Worthington aus der Garage gestürzt kam und triumphierend ankündigte: »Wir haben eine Katze!«

Hallie sah von ihren frischgebackenen Schokoladenplätzchen auf und entdeckte eine weiße Perserkatze in den Armen des jungen Mannes.

»Christopher Robin und ich sind spazierengefahren und haben dann bei dieser Tierhandlung gehalten ...« Die Worte Mrs. Worthingtons kamen in kurzen Stößen über ihre Lippen. »Er erinnert sich an eine Katze. Er erinnert sich an eine Katze, die er als Kind hatte ... wir bringen alles wieder zusammen, Hallie. Die ganze Vergangenheit. Ist das nicht wunderbar?«

Es war jetzt Herbst – kühle Tage, kalte Nächte. Weitere vier Briefmarken waren verbraucht worden, berichtete Hallie. Mrs. Worthington sah von ihrem Fenster aus zu, wie der junge Mann und die Katze durch die Dunkelheit schlichen und gemeinsam zurückkamen – zweimal in jener Woche, dann noch eine weitere Woche, ebenfalls an zwei Abenden. Hallie, die die Briefmarken zählte, zusah, wie der Junge seinen Schellfisch und die Schokoladenkekse aß und mit der Katze spielte, fragte sich, wie ihre Arbeitgeberin nur so blind sein konnte.

Dann, in einer Donnerstagnacht um elf Uhr, wurde sie durch eine Hand auf ihrer Schulter geweckt.

»Hallie«, flüsterte Mrs. Worthington, »Hallie!«

Hallie setzte sich auf und erkannte im Schein der Küchenbeleuchtung, der durch die Tür fiel, den Schatten von Mrs. Worthington. »Hallie, stehen Sie auf. Ziehen Sie sich Kleid und Schuhe an. Ich brauche Ihre Hilfe.«

Hallie stand auf und schlüpfte in ein Kleid.

Dann erst sah sie, daß Mrs. Worthington völlig angekleidet war und einen Sweater trug. Noch trunken vom Schlaf folgte sie ihr durch die Küche, hinaus in die Kälte und den schmalen Weg entlang zum erleuchteten Spielhaus.

Mrs. Worthington öffnete die Tür.

Hallie machte einen Schritt nach vorn, dann schrak sie zurück.

Der junge Mann lag blutüberströmt auf dem Boden, die Arme ausgestreckt, ein mit Adresse und Marke versehener Umschlag dicht neben den Fingern seiner rechten Hand, als wäre er ihm beim Sturz entfallen.

»Wir müssen ihn begraben, Hallie«, sagte Mrs. Worthington mit ruhiger Stimme. »Ich habe mir gedacht, wir tun es draußen am Ende des Grabens, wo der Boden weich ist.«

Hallie schluckte und ging ins Haus. Dann sah sie auch die Katze, die weiße Perserkatze, jetzt ganz rot, in ihrem Korb. Das Küchenmesser steckte in ihrer Brust – das gleiche Messer, dachte Hallie im Unterbewußtsein, das sie hinter ihrem Rücken gehalten hatte, als der junge Mann in jener Nacht das erstemal erschienen war.

»Warum auch die Katze?« fragte sie Mrs. Worthington.

»Eine Katze hat meinen Sohn getötet.«

Mrs. Worthington kniete nieder, kümmerte sich nicht um die Leiche und hob den adressierten und frankierten Umschlag, der neben den toten Fingern lag, auf. Sie öffnete die Klappe an den Rändern und las laut vor: »Liebe E. und W.: Ich wollte, Ihr hättet mich nicht darum gebeten. Ich liebe Mrs. Worthington und möchte keine Briefe mehr schreiben. Ihr wißt jetzt, daß alles funktioniert hat. Ich habe, was Ihr für mich wolltet, und Mrs. W. hat einen Ersatz für das, was Ihr dieser Frau weggenommen habt. Aber es tut mir leid, Euer Sohn.«

»Sehen Sie?« fragte Mrs. Worthington. »Es waren Eudora und Winfield – Eyore und Winnie-The-Pooh, wie ich immer gesagt habe.« Sie legte den Brief auf den Schreibtisch, nahm einen Federhalter und tauchte ihn in das Blut des jungen Mannes und setzte unter die Unterschrift die Worte: »Ihr Sohn ist tot.« Dann steckte sie den Brief in den Umschlag zurück, murmelte, daß sie Klebstreifen brauche, um ihn zu verschließen, und daß sie ihn zum Briefkasten bringen wolle, nachdem sie die Leiche vergraben hätten.

»Mrs. Worthington«, Hallies Stimme war nur ein Hauch. »Ich weiß, daß dies nicht Ihr Sohn war.« Sie sah auf den toten jungen Mann und wieder weg. »Ich weiß es, und Sie wissen es. Aber warum haben Sie ihn getötet?« Sie deutete mit einem zitternden Zeigefinger auf den Brief in Mrs. Worthingtons Hand. »Er wollte doch das alles nicht. Er war unschuldig.«

»Das war mein Sohn auch«, sagte Mrs. Worthington und befahl Hallie, eine Schaufel aus dem Geräteschuppen zu holen.

Originaltitel: LOST CHILD. 5/76

A. F. Oreshnik

Kurzer Prozeß

Männer in blauen Arbeitsanzügen holten die Gepäckstücke aus dem Bauch der Boeing 747, luden sie auf den Transporter und fuhren dann rasch über den Asphaltboden des Platzes zum ziemlich weit entfernt liegenden Flughafengebäude. Im Gepäckraum wurden die einzelnen Stücke auf ein langes, rasch laufendes Transportband gelegt, das sie zu den im oberen Stockwerk wartenden Passagieren brachte.

Das Band war schon alt und die Menge des Gepäcks an diesem Tage besonders groß und schwer. Ein Winkelträger brach plötzlich aus der Decke, und das Förderband lief daraufhin etwas verdreht, wie eine sich windende Schlange. Ein schwerer Koffer fiel auf die Seite und verkantete sich in der Wandöffnung, durch die das Band lief. Andere Gepäckstücke liefen auf den steckengebliebenen Koffer auf, und einige stürzten auf den ziemlich tiefer gelegenen Betonboden, bevor einer der Angestellten das Band anhalten konnte. Es war ein unbedeutender Zwischenfall, der rasch behoben werden konnte. Innerhalb weniger Minuten lief der Strom der Gepäckstücke wieder ohne Unterbrechung. Erst dann kümmerte man sich um die heruntergefallenen Gepäckstücke. Sechs davon waren feste Koffer. Als sie ein großer, kräftiger Gepäckarbeiter heftig schüttelte, waren keinerlei verdächtige Geräusche von zerbrochenem Glas zu hören. Also wurden sie wieder auf das Laufband gestellt und durften ihre Reise zur Gepäckausgabe fortsetzen.

Eine andere Sache war es jedoch mit dem letzten Stück, das heruntergefallen war, einem großen Aluminiumbehälter. Eine Ecke war ziemlich stark eingebeult, und wenigstens ein Koffer mußte daraufgefallen sein, denn eine der Seitenflächen war eingedrückt. Als man den Behälter hochhob, gab es ein Geräusch, als würde eine Blechbüchse mit Kieselsteinen geschüttelt.

»He, Harry!« rief der Arbeiter dem aufsichtführenden Angestellten zu, »ich glaube, bei dem da haben wir was zerdeppert.«

Der Aufsichtführende nahm ihm den Behälter ab und trug

ihn zu einem Tisch mit verschrammter Holzplatte. Er ließ die Schnappschlösser aufspringen, und rasch hatten sich einige Gepäckarbeiter um ihn herumgestellt, neugierig wie die Kinder, um zuzusehen. Als der Deckel gehoben wurde, stellte sich heraus, daß es sich nicht um einen gewöhnlichen Reisekoffer handelte, sondern um eine Art komplizierten elektronischen Apparat. Eine Deckplatte, die mit Drehscheiben, Knöpfen, Schaltern und Anzeigeinstrumenten besetzt war, konnte abgehoben werden. Zehn Sekunden später, als alle das seltsame Gepäckstück noch betrachteten und darüber nachdachten, was es wohl sein könnte, explodierte es, und die blutigen Fetzen der Arbeiter, mehr war von ihnen nicht übrig geblieben, flogen in alle Richtungen.

Der Direktor des FBI saß in seinem Büro im fünften Stock des Dienstgebäudes und überprüfte eben eine dicke Personalakte, als ihm Mr. Merill gemeldet wurde. Er sagte seinem Sekretär, er möge Merrill hereinlassen, und kam dann hinter seinem Schreibtisch hervor, um dem Besucher die Hand zu schütteln. Merrill war der Chef einer Konkurrenzbehörde, und der Direktor fand ihn nicht unbedingt sympathisch. Aber er hatte irgendwo gelesen, daß es psychologisch falsch sei, jemanden über den Schreibtisch hinweg zu begrüßen, wenn man ihn nicht reizen oder einschüchtern wollte. Er brauchte Merrill in diesem Fall.

»Haben Sie jemanden gefunden, der geeignet ist?« fragte Merrill. Er war hochgewachsen und dünn, und sein weißes, kurzgeschnittenes Haar paßte sicher besser zu der Generalsuniform, die er jahrelang getragen hatte, als zu dem langweiligen grauen Einreiher, den er jetzt im allgemeinen trug.

»Nun . . . ja«, antwortete der Direktor etwas zögernd. »Wir haben da einen Mann, der die Sache durchziehen könnte, ob wohl er kaum einer ist, den ich nehmen würde, wenn ich eine andere Wahl hätte. Mir wäre immer noch lieber, Sie würden mir ein paar von Ihren Leuten leihen.«

»Sie wissen, daß ich das nicht tun kann. Unsere Vorschriften verbieten es uns, innerhalb der Vereinigten Staaten zu arbeiten.«

»Sie waren nicht immer so pingelig.«

»Stimmt, aber die Zeiten haben sich geändert. Ich kann mir

keine gegen uns eingestellte Öffentlichkeit leisten, nicht einmal das kleinste Risiko dieser Art eingehen. Ich möchte nämlich nicht eines Morgens aufwachen und feststellen müssen, daß ich nicht mehr länger im Amt bin.«

Der Direktor kehrte zu seinem Schreibtischstuhl zurück, und Merrill ließ sich in einem Sessel gegenüber nieder, schlug die Beine übereinander und lehnte sich zurück.

»Sie sagten, daß Sie jemand gefunden hätten?«

»Jawohl, Spezialagent Walter Penny«, sagte der Direktor. »Er ist ein Ortsagent.«

»Was bedeutet das?« fragte Merrill.

»Wir haben in allen größeren Städten Regionalbüros, wie Sie wissen, aber es gibt zusätzlich auch über das ganze Land verstreut sogenannte Ortsagenturen. Wir brauchen sie, um sozusagen die Lücken zu füllen. Manche verfügen über ein paar von der Zentrale zugeteilte Agenten, andere sind ganz klein. Agent Penny leitet eine Ein-Mann-Agentur nördlich von Tucumcari in New Mexico. Und war seit zwanzig Jahren. Würden wir nicht alle zwei Jahre in Quantico ein Auffrischungstraining abhalten, würden die meisten dieser Ortsagenten wahrscheinlich vergessen, ihren Revolver jeden Morgen umzuschnallen. Sie tun nicht eben das, was man einen besonders aktiven Dienst nennen könnte. Die Zahl der von ihnen behandelten Fälle erreicht nur einen geringen Teil der von den Regionalbüros bearbeiteten.«

»Erzählen Sie mir von dem Mann«, sagte Merrill.

Der Direktor zog seinen Stuhl näher an den Schreibtisch heran und schlug die Personalakte auf. »Spezialagent Walter Francis Penny wurde am 8. April 1927 in Harrisburg, Pennsylvania, geboren«, las er vor. »Beide Elternteile und die Großeltern sind gebürtige Amerikaner. Ursprünglich wurde er als eine Art Fremdenführer eingesetzt. Dabei hatte er Besucher des FBI durch die öffentlich zu besichtigenden Teile des Verwaltungsgebäudes zu führen, Ausstellungen zu erklären und Fragen zu beantworten. Das war 1947, als er an der Georgetown University Jus studierte. Als er sein Diplom erhalten hatte, bewarb er sich als Spezialagent und besuchte unsere Akademie in Quantico, Virginia. Er erhielt dann 1949 das goldene Abzeichen und seine feste Anstellung und wurde dem Regionalbüro Los Angeles zugeteilt. Ende 1950 meldete er sich freiwillig zur Armee, was ihm genehmigt wurde.«

»Was wissen Sie über seine Sprachkenntnisse?« fragte Merrill.

»Darauf komme ich sofort. Er diente zuerst in Korea und war später in Japan stationiert. Hm ... seine Frau ist Japanerin. In Osaka geboren.«

Merrill stellte beide Füße fest auf den Boden und setzte sich aufrechter in seinem Sessel zurecht. »Wie ist denn das passiert?« fragte er ungläubig.

»Sie hat damals für die US-Army gearbeitet und –«

»Sie wissen, was ich meine«, fiel ihm Merrill ins Wort. »Wie war es möglich, daß er im FBI wiederangestellt wurde, nachdem er eine im Ausland geborene Frau geheiratet hatte? Es besteht zwar keine Vorschrift, die das verbietet, aber es ist doch ganz gegen die Gewohnheiten der Behörde.«

Der Direktor streckte die Hände mit den Handflächen nach oben aus und zuckte die Achseln. »Ich war zu dieser Zeit nicht Direktor, und es ist ganz klar, daß da jemand geschlafen hat.«

»Nun, aber jetzt sind Sie da, und Sie haben ebensoviel Macht in Ihrer Organisation wie ich in meiner. Warum haben Sie ihn nicht entlassen?«

»Weil ich eben nicht soviel Macht habe wie Sie in Ihrem Bereich. Denken Sie daran, daß er freiwillig zur Armee gegangen ist. Er hat sich nicht in unserer Organisation versteckt und sich vor dem Militärdienst gedrückt, wie viele andere das getan haben. Wenn ich ihn ohne Grund entlassen hätte, wäre ihm eine Berufung beim Civil Service zugestanden.«

»Ah ja«, sagte Merrill mit einem Anflug von Sarkasmus. Er lehnte sich zurück und schlug wieder die Beine übereinander. »Tue niemals etwas, was das FBI in Verlegenheit bringen könnte. Ich hätte beinahe die Rücksicht vergessen, die Sie alle auf Ihr Ansehen in der Öffentlichkeit nehmen.« Er schien einen Augenblick nachzudenken, dann lachte er. »Deshalb ist er also ein Ortsagent – aus dem Blickfeld und vergessen.«

Der Direktor lächelte schwach. »So etwa könnte man sagen.«

»Aber er beherrscht die Sprache?«

»Ja, er spricht fließend Japanisch. Seine Frau und die Familie sprechen es zu Hause. Außerdem verbringen sie den ihm zustehenden Urlaub jedes zweite Jahr in Japan, um die Angehörigen der Frau zu besuchen.«

»Wie sieht er aus?« fragte Merrill.

»Wie ein großgewachsener Bauer«, antwortete der Direktor und brachte eine Ganzaufnahme zum Vorschein. »Einsachtzig groß, sandfarbenes, allmählich grau werdendes Haar, rötliche Gesichtsfarbe. Außerdem überschreitet sein Körpergewicht die Richtlinien des Büros um etwa zwanzig Pfund. Taille hat er überhaupt keine mehr.«

»Klingt recht gut. Wann können Sie ihn hier in Washington haben?«

»Er ist auf dem Weg. Sobald der Computer ihn ausgesucht hatte, ließ ich seinen augenblicklichen Aufenthalt feststellen. Dabei kam heraus, daß er sich in Quantico befindet, wo er an einem zweiwöchigen Auffrischungslehrgang teilnimmt. Ein Hubschrauber wird ihn jeden Moment auf unserem Dach absetzen.«

Als man ihm gesagt hatte, daß er sich sofort im Hauptquartier seiner Dienststelle in Washington zu melden habe und daß ein Hubschrauber für den Flug bereitgestellt sei, überlegte Spezialagent Walter Penny, welche seiner in letzter Zeit begangenen kleinen Sünden wohl entdeckt worden sein könnte. Es wäre möglich, daß jemand herausgefunden hatte, daß er in der vergangenen Woche den Speziallieferwagen der Dienststelle einem Nachbarn geliehen hatte. Dagegen bestand ein absolutes Verbot. Oder es war eine vielleicht vor noch kürzerer Zeit begangene Sünde, so zum Beispiel, daß er angegeben hatte, er sei am vergangenen Abend in ein Kino gegangen, obwohl er auf ein paar Biere im Offizierskasino gewesen war. Er war schon wegen geringerer Verstöße gegen die Dienstvorschrift gerügt worden. Es sah so aus, als würde jeder Inspektor des Büros darauf aus sein, ihn zu erwischen. Nichts wäre ihnen lieber gewesen, als wirklich wesentliche Irrtümer und Fehler bei seiner Tätigkeit feststellen zu können, um seine Entlassung zu rechtfertigen.

Jetzt, wo er in Pension gehen konnte – er war alt genug und war lange genug bei der Behörde –, war das einzige, was ihn von einem Ausscheiden abhielt, das Vergnügen, die Leute zu ärgern, die ihm das Leben lange genug versauert hatten.

Er hatte keine Hoffnung auf Beförderung. Er war ein GS-13, das heißt, daß er die höchste Gehaltsstufe für einen Ermittlungsagenten erreicht hatte. Das war die höchste Besoldungsgruppe, die er je zu erreichen hoffen durfte.

Machte er sich Sorgen? Er mußte zugeben, daß er das nicht tat. In eine Ein-Mann-Agentur verbannt zu werden, war neben der Begegnung mit seiner Frau Mariko das größte Glück, das ihm widerfahren war. Wenn das Büro sich nicht in der Lage gesehen hätte, ihn in die Ecke zu stellen, wäre er zusammen mit den übrigen Spezialagenten wohl die ganze Zeit in den unsinnigen Wettbewerb um Erfolg eingespannt gewesen. Es war nicht schwer, sich vorzustellen, wie er alle paar Jahre von einer Dienststelle zur anderen versetzt worden wäre, zu sehr darum bemüht, befördert und geschätzt zu werden, als daß er Zeit für Mariko und die Jungen gehabt hätte. Und dieser Gedanke allein stieß ihn ab. Er hatte, wie gesagt, Glück gehabt.

So machte er sich, anstatt zu befürchten, daß das Büro vielleicht über ihn verärgert sein könnte, Gedanken darüber, daß dies nicht mehr der Fall sei. Penny wollte nicht, daß sich etwas änderte. Er liebte die kleine Ranch, die er bewirtschaftete. Die Nachbarn waren freundlich, und es gab in der Gegend eine Menge verschiedener Rassen und Bevölkerungsgruppen, die harmonisch zusammenlebten. Seine Jungen waren niemals mit den Vorurteilen konfrontiert worden, auf die sie vielleicht in einer Großstadt gestoßen wären.

Tatsächlich waren sie nur einmal ungerecht behandelt worden, als Teenager. Natürlich war es ein Irrtum gewesen. Jeder, der damit zu tun gehabt hatte, hatte sich sehr beeilt, Penny davon zu überzeugen, daß es ein Versehen gewesen sei.

Tadashi und Kenji – Ted und Ken, wie er sie nannte – hatten beschlossen, ihre alte Kiste für eine kleine Rundfahrt aus dem Schuppen zu holen. Um Mitternacht waren sie noch nicht zurück. Dann läutete das Telefon, und Penny wurde davon in Kenntnis gesetzt, daß man sie wegen Geschwindigkeitsüberschreitung im benachbarten Landkreis festgenommen hatte; der Deputy dort hatte sie eingesperrt. Sie hatten nicht genügend Geld dabei, um die Strafe zu bezahlen.

Penny fuhr zum Büro des Sheriffs hinüber. Obwohl sich

ihre Pfade im Laufe der Jahre öfter gekreuzt hatten, hatte der Sheriff Penny mit den Jungen nie in Zusammenhang gebracht. Wer sollte auch auf die Idee kommen, daß ein blonder großer Agent des FBI der Vater von zwei schlank gewachsenen, schwarzhaarigen Teenagern sein könnte, die wie Indianer oder Mexikaner aussahen?

»Ihre Jungs? Hier?« fragte der Sheriff, als Penny ihm erklärte, daß er die beiden abholen wolle.

»Ja. Ein paar gefährliche Raser. Einer Ihrer Leute hat mich vorhin angerufen und mir gesagt, wo sie sich befinden«, erklärte er.

»Das ist ein bedauerlicher Irrtum, Penny. Warum haben die beiden sich nicht als Ihre Söhne zu erkennen gegeben?«

Penny lächelte. »Wahrscheinlich deshalb, weil sie meinten, es würde nichts bedeuten. Aber machen Sie sich keine Sorgen. Es wird eine gute Lehre für sie sein. Sie werden es sich bestimmt für eine Weile überlegen, ob sie zu schnell fahren sollen.«

Der Sheriff mochte Penny. Er machte niemals den Versuch, mit seiner Position anzugeben, und war kein Streber.

Der Sheriff stand auf, um Penny zu den Zellen zu führen. Plötzlich wurde er blaß und schlug sich mit der Hand an die Stirn.

»Was ist los?« fragte Penny.

»Ich weiß nicht, wie ich es Ihnen sagen soll.«

Pennys Lächeln verschwand von seinen Lippen. »Mir was sagen?«

»Reed hat sie verhaftet.«

Deputy Reed war dafür bekannt, daß er mit seinen Händen und Fäusten ein wenig zu schnell war. Wie alle Leute mit solchen Neigungen suchte er sich seine Opfer sorgfältig aus. Sie waren niemals aus seinem Bezirk, und sie waren niemals Weiße. Ted und Ken waren für ihn wie geschaffen.

Penny biß die Zähne zusammen. Als er dann sprach, war alle Freundlichkeit aus seiner Stimme verschwunden. »Es wird das Beste sein, Sie sorgen dafür, daß die Jungen sofort entlassen werden, Sheriff.«

Der Sheriff ging eilig davon und kehrte ein paar Minuten später mit Ted und Ken zurück. Teds T-Shirt war zerrissen, und er hatte eine aufgeplatzte Lippe, die eben anzuschwellen begann. Ken hatte eine Platzwunde über einem Auge und hielt ein Stück Zellstoff auf die Wunde. Die Jungs standen ruhig da, heulten nicht und beschwerten sich auch nicht. Sie waren erst sechzehn und siebzehn, aber kein armseliger Sadist konnte ihren Mut brechen. Penny war sehr stolz auf sie.

»Ihr fahrt nach Hause, Jungs«, sagte er. »Eure Mutter macht sich euretwegen Sorgen.« Die beiden wandten sich ab, um wegzugehen, als er hinzufügte: »Es ist besser, wenn ihr an der Tankstelle auf der Autobahn anhaltet und euch ein bißchen sauber macht. Hat keinen Sinn, euch daheim so blicken zu lassen, wie ihr jetzt ausseht. Klar?«

Die Jungen nickten und liefen hinaus.

»Wo ist Reed?« fragte Penny den Sheriff.

»Er hat dienstfrei.«

»Rufen Sie ihn an. Lassen Sie ihn herkommen.«

»Glauben Sie mir, Penny. Es tut mir verflucht leid, was da passiert ist, aber es war ein Irrtum. Ich möchte nicht, daß Sie deshalb etwas Unvernünftiges tun.«

»Nein. Sie werden schon sehen, was ich tue. Bringen Sie den Mann hierher. Wenn ich ihn mir suchen muß, werde ich bestimmt nicht freundlicher sein, wenn ich ihn finde.«

Der Sheriff führte ein Telefongespräch, und fünfzehn Minuten später war Reed zur Stelle. Als man ihm erklärte, wer Ted und Ken waren, schluckte er hart. »Ich hab mich geirrt«, sagte er zu Penny beinahe stotternd.

»Jawohl«, sagte Penny in trügerisch mildem Ton. »Das haben Sie getan. Tun Sie das niemals mehr.«

»Das werde ich nicht«, sagte Reed, offensichtlich erleichtert und überrascht, so leicht davongekommen zu sein, wie es schien.

»Zum Beispiel«, fuhr Penny fort, »sollten Sie nicht den Irrtum begehen, sich weiterhin in diesem Teil der Welt aufzuhalten. In Los Angeles, Chicago und einem Dutzend anderer Städte werden Polizisten gesucht. Weit entfernt liegende Städte. Je mehr ich über das nachdenke, was heute nacht passiert ist, desto zorniger werde ich. Wenn Sie in zwei Wochen nicht von sich aus verschwunden sind, werde ich alles tun, was in meiner Macht steht, daß Sie verschwinden.«

»He! Sie können doch nicht –« begann Reed.

»Zum Teufel kann ich nicht«, sagte Penny. »Ich habe Ihnen

gesagt, was los ist. Wenn Sie zu dumm sind, auf mich zu hören, ist das Ihr Problem.«

Penny ging rasch aus dem Büro des Sheriffs, an den Deputys vorbei, die an der Vermittlung und am Schreibtisch des Dienstraumes saßen, und durch die Tür auf den gekiesten Parkplatz hinaus. Der Sheriff kam ihm nachgelaufen.

»Ich weiß, daß Sie aufgeregt sind, Penny, aber ich kann es nicht zulassen, daß Sie meine Deputys einschüchtern.«

»Sheriff, ich bin bereit, die Sache mit dem Verschwinden Reeds als abgeschlossen zu betrachten.« Penny stieg in seinen Wagen und warf die Tür zu. »Aber ich weiß, wer ihm den Sheriffstern angesteckt hat und wer bei Reeds Mißhandlungen von Festgenommenen bisher beide Augen zugedrückt hat. Wenn Sie nicht wollen, daß ich aus dieser Geschichte einen offiziellen Fall und damit Stunk mache, dann halten Sie sich besser raus!«

Penny fuhr vom Parkplatz und ließ den Sheriff einfach stehen, der ihm mit offenem Mund nachsah. Zehn Tage später packte Reed seine junge Frau in seinen Wagen und zog nach Los Angeles.

Jetzt war Tadashi Sozialhelfer in San Francisco und hatte eine junge Braut. Kenji hatte noch ein Jahr in Georgetown, bis er sein Jurastudium abgeschlossen hatte. Walter Penny und Mariko waren zufrieden mit ihrem Leben in New Mexico. Er hatte sich entschlossen, lieber in Pension zu gehen, bevor er sich noch einmal versetzen ließe – wenn es das war, was die Vorladung nach Washington bedeuten sollte.

Der Hubschrauber, der ihn in Quantico abgeholt hatte, war eine kleine dreisitzige Maschine mit Plexiglaskabine, die eine unbehinderte Sicht auf das Gelände direkt unter ihm ermöglichte. Als sich der Pilot über dem Arlington National Cemetery befand, rief er auf einer Sonderfrequenz das Verteidigungskommando in Washington an und meldete die Maschine, damit sie nicht über dem Verteidigungsministerium eine unangenehme Überraschung erleben würden. Nachdem dies erledigt war, nahm er Kurs nach Osten, parallel zur Constitution Avenue. Er schwebte kurz über dem Hauptquartier des FBI zwischen der neunten und zehnten Straße und setzte dann leicht auf dem Landeplatz auf dem Dach des Hochhauses auf.

Penny kletterte heraus und duckte sich unter den langsam laufenden Rotorblättern hindurch von der Maschine weg. Er wußte zwar, daß die Blätter fast einen Meter über ihm waren, aber in ihrem Bereich bewegte er sich immer besonders vorsichtig.

Kaum hatte sich Penny von der Maschine entfernt, ließ der Pilot den Motor auf Touren kommen, die großen Blätter drehten sich schneller, und der Hubschrauber hob ab. Die Tür zum Gebäude ging auf, und Penny wurde von einem Mann in einem einreihigen Anzug mit unauffälliger Krawatte, der Uniform des FBI, ins Innere geführt.

»Spezialagent Penny?« fragte der Mann und sah zweifelnd auf Pennys Sporthemd und die Schnürsenkelkrawatte.

»Ja«, antwortete Penny.

»Inspektor Boyle«, stellte sich der andere vor und streckte ihm die Hand entgegen. »Der Direktor erwartet Sie in seinem Büro.«

Boyle begleitete Penny ins Vorzimmer des hohen Chefs und überließ ihn dort einem schweigsamen jungen Mann, der die Tür des Direktionszimmers bewachte. Ein paar Sekunden später zeigte ein Summen das Öffnen der Türverriegelung an, und Penny durfte eintreten. Er war seit dem Tag, als er mit den anderen Absolventen des Ausbildungskurses durch diese Tür gegangen war, nicht mehr in diesem Raum gewesen. Das war jetzt über zwanzig Jahre her; mußte auf ihn jedoch einen starken Eindruck gemacht haben, dachte er sich. Denn er bemerkte sofort, daß die Bilder an den Wänden jetzt moderner waren und daß sich auf dem Mahagonischreibtisch nur ein silberner Federhalter und ein Fließblattrahmen befanden. Penny fragte sich, welche Schlüsse dies auf die Persönlichkeit des Mannes hinter dem Schreibtisch zuließ, kam jedoch zu keiner Entscheidung.

Er war vor allem darüber überrascht, daß er mit dem Direktor nicht allein war. Seine Überraschung nahm noch zu, als sich der Mann zur Seite drehte, und Penny mehr als nur den Rücken und das weiße Haar des Hinterkopfes sehen konnte. Er wußte, wer Merrrill war, und seine Gegenwart machte Penny unsicher.

Der Direktor kam sofort zur Sache. Er ließ Penny stehen,

bot ihm keinen Stuhl an. »Sie haben von der Bombe gelesen, die gestern im Washington National Airport explodiert ist?«

»In der Gepäckabfertigung?«

»Natürlich in der Gepäckabfertigung, wo sonst«, sagte der Direktor nicht eben freundlich.

»Jawohl, Sir«, entgegnete Penny.

»Sechs Leute waren sofort tot, zwei weitere starben innerhalb von ein paar Stunden, und noch drei andere befinden sich auf der Intensivstation im Arlington Hospital. Die Laborleute haben sich sofort um die Sache gekümmert und brachten dabei etwas ganz Interessantes heraus. Die Transportarbeiter wurden nicht von einer Bombe im üblichen Sinne getötet. Sie fielen einer Sprengstoffalle zum Opfer. Nach unseren Rekonstruktionen war diese Falle in einem etwa 20 mal 30 mal 60 Zentimeter großen Aluminiumbehälter untergebracht. Er hatte einen Deckel und darunter eine nur der Täuschung dienende Schaltplatte mit Knöpfen, Drehscheiben und Schaltern. Das ganze Ding sollte wie ein sehr teueres Elektrogerät aussehen, hatte jedoch in Wirklichkeit nur den Zweck, als Tarnung für Schmuggelware zu dienen.«

Der Direktor machte eine Pause, und Penny nahm die Gelegenheit wahr, zu fragen: »Was für Schmuggelware?«

»Der Behälter war groß genug, um darin nahezu alles unterzubringen, was jemand am Zoll und der Flughafensicherung vorbeischmuggeln wollte. Das Ganze sah wie ein sehr kompliziertes und teures Gerät aus. Niemand würde den Versuch gemacht haben, es auseinanderzunehmen, wenn er nicht mehr als nur einen einfachen Verdacht oder eine Ahnung von seiner Bedeutung gehabt hätte. Wenn er es aber tat, geriet er in die Sicherheitsfalle. Sie war so eingebaut, daß sie losgehen mußte, sobald jemand den Behälter auseinandernahm. Wir schätzen, daß die Ladung aus einem Fünfkiloblock TNT bestand.«

Penny rechnete schnell etwas nach. »Zehn Pfund – das ist aber doch ziemlich extrem.«

Merrill sprach jetzt das erstemal. »Und damit haben wir es zu tun – mit Extremisten nämlich. Der Sprengstoff war nicht der einzige Inhalt des Behälters. Er enthielt auch noch eine Neun-Millimeter-Maschinenpistole mit einem Dutzend geladener Magazine. Man hätte sie nur herauszunehmen brauchen, wenn der Behälter seine Bestimmungsadresse erreicht hatte, um damit eine Menge Unheil anzurichten. Die Waffe und der Sprengstoff und besonders auch die Art, wie der Versand durchgeführt wurde, lassen es ganz so aussehen, als hätte jemand eine besonders üble Schweinerei vor.«

»Wir werden nie erfahren, warum die Transportarbeiter an dem Behälter herumgefummelt haben«, sagte der Direktor, »aber ein paar andere Dinge wissen wir. Der Griff des Behälters wurde unversehrt gefunden, und der Gepäckzettel war noch daran.« Er wendete sich Merrill zu. »Bitte erklären Sie ihm den Rest.«

»Die Bodenstewardess am Ticketschalter in Los Angeles muß von dem Behälter ziemlich beeindruckt gewesen sein, weil sie Namen und Flugnummer des Besitzers auf die Rückseite des Gepäckanhängers geschrieben hat – als zusätzliche Absicherung gegen einen möglichen Verlust des Stückes. Nachdem wir einmal den Namen hatten – Hiroshi Kinoshita –, war es für uns einfach, das Ticket herauszufinden, mit dem der Behälter aufgegeben worden war. Und damit hatten wir Glück. Es stellte sich heraus, daß es mit einer Kreditkarte gekauft worden war. Und was noch mehr aussagt: es ist in Tokio gekauft worden. Eine rasch durchgeführte Nachforschung bei dem betreffenden Kreditkarteninstitut ergab noch etwas weiteres – daß nämlich dieselbe Kreditkarte dazu benützt worden war, drei Einwegflugscheine von Tokio nach Honolulu zu bezahlen, drei Einwegflugscheine von Hawaii nach verschiedenen Orten auf dem nordamerikanischen Kontinent und drei Einwegflugscheine von dort nach Washington. Die Tickets wurden zu verschiedenen Zeiten bei verschiedenen, räumlich weit auseinanderliegenden Reisebüros gekauft, woraus wir das Bemühen erkennen, den endgültigen Zielort zu verschleiern.«

Merrill fuhr fort: »Das letzte Ticket wurde heute morgen benützt. Ein Mann namens Kaneto Shaguri flog von Seattle nach Washington. Agenten des FBI waren bei ihm in der Maschine, und zwei weitere erwarteten ihn bei der Landung. Sein Gepäck bestand aus einem Aktenkoffer und einem Aluminiumbehälter, der genau wie der auszusehen schien, der gestern explodiert ist.«

»Was wollen Sie damit sagen, daß der Behälter genau wie

der auszusehen schien? Hat man den Mann denn nicht festgenommen?« fragte Penny.

»Das hatte ich vor«, sagte der Direktor und sah Merrill vorwurfsvoll an, »aber Mr. Merrill hat mich davon abgebracht.«

»Lassen Sie mich Ihnen etwas über Terroristen erklären«, erwiderte Merrill. »Vor fünfzig oder vor hundert Jahren griffen diese Leute fast ausschließlich Politiker an. Heute jedoch, obwohl nach wie vor auch solche politische Meuchelmorde durchgeführt werden, wendet sich die Haupttätigkeit der Terroristen gegen irgendwelche Personen. Man beabsichtigt mit diesen Gewalttaten, die Unfähigkeit einer bestimmten Regierung zu beweisen, mit ihnen – den Terroristen – fertig zu werden, oder die Aufmerksamkeit der Weltöffentlichkeit auf sich zu lenken oder auf die Sache, für die man kämpft. Diese Propaganda durch Terror hat stark zugenommen, und es ist äußerst schwer, etwas dagegen zu unternehmen. Bedenken Sie nur, wie viele Millionen wir für die Sicherheit im Flugverkehr ausgeben, und dennoch haben diese Leute Waffen und Sprengstoff transportiert, wie es ihnen paßt.«

Merrill klopfte an seine verschiedenen Taschen, bis er sein silbernes Zigarettenetui fand. Er nahm es heraus, entnahm ihm eine Zigarette und brach sie in der Mitte durch. Die eine Hälfte steckte er in das Etui zurück. »Ich versuche, weniger zu rauchen«, erklärte er und zündete die halbe Zigarette an der Bruchstelle an. Bevor er seinen Vortrag fortsetzte, nahm er einen tiefen Lungenzug des unentbehrlichen Rauches. »Alle Terroristen, mit Ausnahme derjenigen, die Bomben mit Zeitzündern legen, haben die Bereitschaft gemeinsam, bei ihren Anschlägen zu sterben. Ja, sie erwarten sogar zu sterben. Nur ein Idiot könnte sich einbilden, er könnte ein Dutzend Maschinenpistolenmagazine leerschießen, ohne daß er hinterher nicht von einem Ring von Polizisten umstellt sei. Sie glauben ehrlich, daß ihre Sache es wert ist, dafür zu sterben, was immer diese Sache auch sei. Und diese Männer in unserem Fall haben bewiesen, daß sie keine Dummköpfe sind. Die Art, wie sie die Maschinenpistole und das TNT verborgen haben, zeigt, daß sie Verstand haben. Auch daß sie nur Flugscheine für den Hinflug lösten, beweist, daß sie hier nicht mehr wegzukommen erwarteten.«

Der Direktor räusperte sich.

»So ist die Lage im Augenblick, Agent Penny: Wir wissen, daß die erste Gruppe von Flugscheinen vor vier Tagen benützt wurde, aber wir kennen den Mann nicht, der mit ihnen geflogen ist. Wir sind jedoch Kaneto Shaguri vom Flughafen bis zu einem alten Haus in der First Street Southwest gefolgt. Wir fotografierten den Mann, der ihm die Tür öffnete, und übermittelten die Aufnahmen nach Los Angeles. Die Bodenstewardess am Ticketschalter identifizierte den Mann als Hiroshi Kinoshita, dessen Behälter explodiert ist. Möglicherweise wohnt auch der dritte Mann dort, aber das wissen wir nicht. Es sind möglicherweise auch mehr als drei, die mit der Sache zu tun haben. Auch das wissen wir nicht. Wir wissen weiterhin nicht, was sie vorhaben und wann sie ihren Plan ausführen wollen. Und wir haben auch keine Idee, weshalb sie ihren Anschlag ausführen wollen.«

»Tatsächlich«, gab Merrill zu überlegen, »besteht durchaus die Möglichkeit, daß sie nicht für sich selbst arbeiten. Sie werden sich erinnern, daß es japanische Terroristen waren, die vor ein paar Jahren auf dem Flugplatz in Tel Aviv Touristen zusammengeschossen haben. Und es besteht ein gewisser Verdacht, daß die von Terroristen in Nordirland gelegten Bomben von technischen Beratern aus dem Mittleren Osten gefertigt worden sind. Immer dann, wenn Terroristengruppen zu scharf observiert werden oder sich erkannt fühlen, haben sie ihre Selbstmordkommandos ausgetauscht. Auf diese Weise haben sie noch den Vorteil auf ihrer Seite, daß niemand weiß, von welcher Seite der Angriff kommen wird.«

»Und was wollen Sie von mir?« fragte Penny ganz unvermittelt.

»Stellen Sie sich nicht dumm, Penny. Sie wissen ganz genau, was wir von Ihnen erwarten. Inspektor Boyle wartet im Vorzimmer, um Sie in den Auftrag einzuweisen. Unterschreiben Sie draußen am Schreibtisch meines Sekretärs, wenn Sie hier weggehen, auch noch einen Entlassungsantrag und geben Sie Ihr Abzeichen und Ihren Ausweis ab.« Er unterbrach seine Rede bedeutungsvoll und fügte dann noch hinzu: »Nur für den Fall.«

»Jawohl, Sir« sagte Penny zwischen fast geschlossenen Lippen hindurch. »Nur für den Fall.«

Merrill und der Direktor sahen ihm nach, als er wegging. Als sich die Tür hinter ihm geschlossen hatte, begann Merrill als erster zu sprechen. »Wenn dies alles vorüber ist, werden Sie ihm dann seine Papiere wiedergeben?«

»Kein Gedanke«, sagte der Direktor. »Eins ist auf jeden Fall gut an der Sache, und wenn es nur das ist, daß ich diesen Tölpel endlich loswerde. Sie haben doch nicht gedacht, ich würde mir eine solche Gelegenheit entgehen lassen, oder?«

»Nein«, gab Merrill zu, »das habe ich nicht gedacht.«

Später an jenem Nachmittag nahmen Kinoshita und Shaguri, jeder mit einer Kamera um den Hals, ein Taxi zur Fünfzehnten Straße Ecke Constitution Avenue. Beide waren kleine Männer, weit unter Mittelgröße. Keiner sprach Englisch. Sie hatten dem Fahrer des Taxis einen Zettel mit dem darauf getippten Fahrtziel gezeigt. Von dort aus gingen sie zu Fuß über die Rasenfläche zum Fuß des Washington Monument. Nachdem sie fünf Minuten gewartet hatten, stieß ein dritter Mann zu ihnen, ebenfalls ein Asiate. Gemeinsam gesellten sich die drei zu einer Gruppe von Touristen, die vor dem Aufzug Schlange standen. Mit ihnen fuhren sie dann durch den Marmorschacht zur Aussichtsplattform in der Spitze des Denkmals hinauf.

Penny stand im Aufzug neben ihnen und ging hinter ihnen von Fenster zu Fenster, von denen sie alle vier Himmelsrichtungen sahen. Sie blieben eine halbe Stunde oben und unterhielten sich lebhaft. Penny tat, als hätte er mit seiner Kamera Schwierigkeiten, und blieb bei ihnen. Als sie dann über die Treppe hinunterzugehen begannen, fuhr er mit dem Lift voraus.

Inspektor Boyle und zwei weibliche Spezialagenten erwarteten ihn. »Was machen sie?« fragte Boyle.

»Sie kommen die Treppe herunter«, antwortete Penny, nahm Boyle am Arm und führte ihn von den Frauen weg.

»Ganz wie Touristen«, bemerkte Boyle.

»Nicht ganz«, entgegnete Penny. »Sie zählen nicht die Stufen – sie suchen geeignete Stellen für Sprengladungen aus.«

»Und oben?«

»Haben sie sich über Schußfelder unterhalten. Sie stellten fest, daß sie nahezu alles unter Feuer nehmen könnten, was von dort oben zu sehen ist, und daß man beinahe alles sehen könnte, einschließlich dem Weißen Haus, dem Capitol und dem Hauptquartier unserer Behörde. Sie haben vor, ihre kleine Party am Sonntagnachmittag steigen zu lassen.«

Die beiden Männer machten kehrt und gingen zu den weiblichen Agenten zurück.

»Das heißt zu dem Zeitpunkt, wo der Touristenbetrieb auf dem Höhepunkt ist«, sagte Boyle. »Wir sollten sie uns jetzt gleich schnappen.«

»Das würde uns keine Erkenntnis darüber bringen, was das alles soll. Man muß an ihnen dranbleiben. Sie haben vor, irgendwohin zum Essen zu gehen, und sie werden sich dann wahrscheinlich trennen. Das wäre jedenfalls das klügste, was sie tun könnten. Wenn sie nicht alle in die First Street Southwest zurückkehren, muß man herausbekommen, wohin sie tatsächlich gehen. Nebenbei, der dritte heißt Mitsuki, und er hat den anderen erzählt, daß er in diesem Land aufgewachsen ist. Er ist das Rückgrat der Gruppe.«

»Und was werden Sie tun?«

»Ich werde einen Blick in das Haus in der First Strcet Southwest werfen«, sagte Penny.

»In diesem Fall sind Sie von diesem Augenblick an auf sich selbst gestellt, klar?« sagte Boyle.

»Ja«, antwortete Penny, »das hab ich mir schon gedacht.«

Das Gebäude in der First Street Southwest war eines von einem ganzen Block, der im Zuge der Stadtsanierung niedergerissen werden sollte. Viele der Häuser waren bereits als unbewohnbar erklärt worden. Ihre Fenster und Türen waren mit Brettern vernagelt, um Kinder und Herumtreiber fernzuhalten. Das Haus jedoch, in dem die Terroristen untergeschlüpft waren, war das einzig bewohnte im Block. Davon abgesehen, daß die Fensterscheiben nicht zerbrochen waren, sah es nur wenig besser aus als die übrigen. Penny ging direkt zur Eingangstür und drückte auf den Klingelknopf. Er ließ seinen Daumen ein paar Sekunden darauf ruhen und horchte auf das Klingeln im Innern. Als er festgestellt hatte, daß niemand zu Hause war oder zumindest niemand die Absicht hatte zu öffnen, ging er durch eine schmale Gasse zur Gebäuderückseite. Dort verschaffte er sich Eintritt, indem er einfach die Tür eintrat.

Mit gezogenem Revolver eilte er von Raum zu Raum. Sobald er sicher war, daß das Erdgeschoß leer war, rannte er, zwei Stufen auf einmal nehmend, in den ersten Stock. Auch hier überprüfte er jeden Raum. Als er in den zweiten Stock kam, schnaufte er, und Schweiß stand auf seiner Stirn.

Da das Gebäude leer war, kehrte er ins Erdgeschoß zurück. Unterwegs nahm er zwei Aluminiumbehälter mit, die er in einem Schlafzimmer im ersten Stock gefunden hatte. Er stellte sie auf einen Küchentisch in der Nähe des Hintereingangs und öffnete sie. Die Sicherheitsfallen waren jetzt abgestellt und die mit Knöpfen, Schaltern und Drehscheiben versehenen Deckplatten abgeschraubt. Ein Behälter enthielt eine Neun-Millimeter-Maschinenpistole, eine Anzahl geladener Magazine und einen Block hochbrisanten Sprengstoffs mit einigen Sprengkapseln. Der zweite Behälter enthielt einen weiteren Block Sprengstoff zusammen mit einem zerlegten Präzisionsgewehr mit Zielfernrohr und einigen hundert Schuß Munition dafür.

Penny schloß die Behälter und stellte sie in einen Küchenschrank. Dann ging er zum Vordereingang, öffnete die Tür von innen, steckte ein paar Stückchen von einem schmalen Papierstreifen in die Schlüsselöffnung und schloß dann die Tür wieder.

Nun blieb ihm nichts anderes übrig, als zu warten. Es dauerte ein paar Stunden, bevor er die Terroristen an der Haustür hörte. Sie versuchten vergeblich, den Schlüssel ins Schloß zu stecken. Schließlich befahl einer von ihnen Kinoshita, er solle um das Haus herumgehen und nach einem offenen Fenster suchen. Etwa in der Mitte der schmalen Gasse fand er eins, aber er bekam den Griff von Pennys Revolver hinter dem rechten Ohr zu spüren, als er sich halb durch das Fenster gezogen hatte. Penny zerrte auch den Rest des Mannes in den Raum und fesselte ihn mit Streifen von einem alten Leinentuch.

Nach ein paar Minuten kam Shaguri, um nach Kinoshita zu sehen, und wurde von Penny auf die gleiche Weise empfangen und gefesselt. Dann ging er zur Haustür, öffnete und schlug den ungeduldig wartenden Mitsuki bewußtlos, als er ins Haus stürmen wollte. Penny trug die drei Männer in den hintersten Raum des Kellers und band ihre Handgelenke an ein an der Decke installiertes Wasserrohr. Der Boden des Raumes war mit altem Verpackungsmaterial bedeckt, und die Luft roch dumpf und staubig. Eine nackte 150-Watt-Birne war in eine Fassung geschraubt, die ohne Schirm von der Deck herabhing. Da seine Gefangenen noch immer bewußtlos waren, verließ er sie und kehrte in das Erdgeschoß zurück. Er rief das Büro an und ließ sich von dort mit Inspektor Boyle in dessen Wagen verbinden.

»Alles unter Kontrolle«, meldete er Boyle. »Sie können alle nach Hause schicken.«

Als er in den Keller zurückkehrte, war Mitsuki bei Bewußtsein und versuchte sich zu befreien. Die beiden anderen begannen sich eben zu bewegen. Der Schein der nackten Birne zeichnete die Schatten ihrer Körper auf den mit Abfall bedeckten Boden.

Penny setzte sich auf eine umgedrehte Holzkiste, von wo aus er sie gut beobachten konnte, und sagte eine ganze Weile kein Wort.

»Was wollen Sie? Sind Sie ein Einbrecher?« fragte Mitsuki auf Englisch.

»Ich will wissen, in wcssen Auftrag Sie handeln und was Sie am Washington Monument anstellen wollten«, antwortete Penny, ebenfalls auf Englisch.

Mitsukis Augen wurden vor Überraschung groß, dann sagte er: »Ich verlange einen Anwalt. Man hat schließlich Rechte, das wissen Sie doch.«

Penny schüttelte beinahe traurig den Kopf. »Ihr habt nur ein Recht, nämlich zu erfahren, daß ihr keinen Anspruch darauf habt. Es wird keine Anklage geben, keine Akten, keine öffentliche Verhandlung. Sie waren drei tote Männer von dem Augenblick an, als ich Sie hier in den Keller brachte.«

»Wir fürchten den Tod nicht«, knurrte Mitsuki verächtlich. »Wir kämpfen für eine gerechte Sache.«

Penny rieb sich die Augen und stand auf. »Es gibt eine Menge Arten, auf die man sterben kann«, sagte er. Die beiden anderen waren jetzt bei vollem Bewußtsein und hörten der Unterhaltung zu, ohne sie zu verstehen. Penny zog den Revolver, zielte auf die Mitte von Mitsukis Stirn und drückte ab. Dann versprach er den beiden anderen in perfektem Japanisch, daß er ihnen erlauben würde, sich bald mit ihrem

Freund zu vereinen, sobald sie einige Fragen beantwortet hätten.

Eine Stunde später verließ Penny das Gebäude und trug die Aluminiumbehälter mit sich. An der Straßenecke zwei Blocks weiter nördlich blieb er stehen, setzte die beiden Behälter ab und sah auf seine Uhr. Es gab einen dumpfen Knall, so als hätte jemand auf einen Teppich geschlagen, und er sah, wie der ganze Block, den er eben verlassen hatte, zu brennen begann. Bis die Feuerwehr kam, würde nicht mehr viel zu retten sein, ganz abgesehen davon, daß sie sich in diesem Abbruchviertel keine besondere Mühe geben würde.

Penny nahm die beiden Behälter und begann müde in Richtung M Street zu gehen. Er dachte an den Bericht, den er zu schreiben hatte, und daran, ob er vorher seine Papiere zurückverlangen sollte.

Schließlich entschied er, daß es ihm egal war. Er hatte seinen letzten Auftrag erfüllt; es war Zeit, daß er in Pension ging. Und diese Entscheidung traf er selbst, nicht der Direktor.

Originaltitel: THE ONLY RULE. 1/76